像大侠一样创业

傅治纲◎著

光明日报出版社

图书在版编目（CIP）数据
像大侠一样创业 / 傅治纲著 . -- 北京 : 光明日报出版社, 2022.11

ISBN 978-7-5194-6843-9

Ⅰ. ①像… Ⅱ. ①傅… Ⅲ. ①创业－通俗读物 Ⅳ. ①F241.4-49

中国版本图书馆 CIP 数据核字 (2022) 第 191235 号

像大侠一样创业

XIANG DAXIA YIYANG CHUANGYE

著　　者：傅治纲

责任编辑：许黛如　曲建文　　策　　划：张　杰

封面设计：回归线视觉传达　　责任校对：李学萍

责任印制：曹　诤

出版发行：光明日报出版社

地　　址：北京市西城区永安路106号，100050

电　　话：010-63169890（咨询），010-63131930（邮购）

传　　真：010-63131930

网　　址：http://book.gmw.cn

E - mail：gmrbcbs@gmw.cn

法律顾问：北京市兰台律师事务所龚柳方律师

印　　刷：香河县宏润印刷有限公司

装　　订：香河县宏润印刷有限公司

本书如有破损、缺页、装订错误，请与本社联系调换，电话：010-63131930

开　　本：170mm × 240mm

字　　数：170千字　　印　　张：13.5

版　　次：2022年11月第1版　　印　　次：2022年11月第1次印刷

书　　号：ISBN 978-7-5194-6843-9

定　　价：68.00元

PREFACE ——前言

我出生在湖南衡阳一座千年古镇。这里是“中兴四大名臣”之一、湘军水师的创建者、近代海军的奠基人彭玉麟的家乡，离曾国藩的祖居地双峰荷叶塘只有几十里的山路；距离湖湘文化的代表人物、一代大儒王船山的故居也不过几千米；加上祖上本是书香门第，并且外祖母胡氏一脉的先祖正是湖湘文化的开创者胡文定公，我从小就受到这些传统文化和传奇故事的熏陶。

我曾就读于毛主席亲自倡导建立的家乡大学——湘潭大学，这是一所全国首批综合性重点大学。湘潭还是湖湘文化的重要发源地，4 年的求学经历，让我对湖湘文化和湖湘名人的学习理解更加系统。

毕业之后，我作为管理培训生，进入一家 500 强企业。该公司被称为中国“酒业黄埔军校”，创始团队基本上也是湖南人。公司 12 年的学习实践，让我充分感受到了湖南人的精神在商业领域生动而传奇的演绎。

湖湘文化的精髓在于 4 个字：经世致用。靠着这 4 个字，近代中国的湖南人才辈出，灿若星河。论及湖湘文化时，船山先生说过一句话：“有豪杰而不圣贤者矣，未有圣贤而不豪杰者也。”这句话对整个湖南的读书人都产生了巨大影响。这个由南宋末期湖南道县周敦颐开创的理学重镇，为读书人崇尚的“圣贤之志”注入了一股“侠气”和“豪杰之气”！这就是“经世致用”的由来。该理念倡导的是一种务实的理想主义，既要仰望星空，也要脚踏实地；既要有大志向，还要有大本事；要知行合一，要胸怀天下。

一方水土养一方人。受湖湘文化的熏陶，我在选择创业项目时，充分考虑了如何将自己的创业使命、工作技能和文化底蕴有效结合起来。幸运的是，我找到了值得倾注一辈子心力去做的事业，那就是创建面向未来白酒新消费的品牌 IP——**梁大侠。“梁”代表着纯粮的柔和高粱酒，“大侠”则代表了我们的文化和价值观。侠之大者，为国为民！侠之本质，知行合一。**侠文化不只是简单的武侠文化，梁大侠倡导我们在新时代要像大侠一样工作和生活。

由此，**我们提炼出新时代侠文化的“六脉神剑”：热血、奋斗、情义、本色、担当、洒脱**。这是一个创业狂热的年代，也是一个创业失败率极高的年代。到底如何去创业？首先，**要理解创业的本质是创建自己的志业，为钱打工，不叫创业，可能永远只是一门生意；为自己的使命和志向打工，无论我们是不是老板，都是在创业。**

从这个角度上来说，今年是我大学毕业 16 年，也整整创业了 16 年。在这个过程中，无论是毕业 5 年后晋升集团最年轻高管，还是在过去 4 年能够白手起家，从竞争残酷、红得发紫的白酒红海中打造出一个全新品牌，都源于心底升腾的作为湖湘子弟熏陶和学习吸收得来的“侠气”。为此，我将湖湘文化数代名人的思想学习实践，融入了这本书中。

当然，我还系统地吸收了《孙子兵法》、阳明心学等中华文明的优秀传统思想，并借鉴了当今中华民族伟大复兴进程中的领导和创新智慧在企业管理中的实践应用，用通俗语言将创业成败的经验和教训总结为一本书——《像大侠一样创业》，重心就是：立大志、吃大苦、成大事、做大侠。这里，既有系统的创业宗旨、思想和方法论体系，也有真实发生的故事和案例。期待这本书和“梁大侠”一起，与更多的奋斗者同行。

目录——CONTENTS

第一章 立大志 1

平庸的真因 1

立志产生三大优势心理 9

如何有效立志 17

企业更需立大志 34

创业就是持志而行 40

大侠说 1：立大志 44

第二章 吃大苦 47

苦于磨砺心性 48

苦于提升认知 60

苦于精进技能 79

一个中心思想 93

三大基础定律 102

四大提升心法 106

七大顶级思维 110

九大突破原则 117

大侠说 2：吃大苦 128

第三章　成大事 133

明大势 133

树目标 137

定策略 142

做计划 155

带队伍 159

筹资源 166

造样板 171

强复制 177

大侠说 3：成大事 182

第四章　做大侠 185

侠之大者，原力觉醒 185

侠之大者，为国为民 190

侠文化“新六脉神剑” 194

踏上江湖路，不负少年行 200

大侠说 4：做大侠 204

CHAPTER 1——————第一章

立大志

虽然经历过创业的九死一生，但我经常表达的一个观点是：**真正的创业，成功率都很高**。很多朋友说我站着说话不腰疼，但是当我补充了下面这句后大家都纷纷表示认同，**那就是：创业的失败率之所以很高，是因为很多原本不适合创业的人选择了创业。创业是少数人干的事，但绝不是少数聪明人干的事**。那如何区分这少部分人呢？一个关键标准就是：是否立下了大志向。

平庸的真因

现实中，多数人都知道一个事实，就是在一个班级里，日后发展最好的，一般都不是学习规规矩矩、成绩不错的学生。学习成绩中等的人往往更容易脱颖而出，这是为什么呢？原因在于，成绩好的人相对更用功、更聪明一些。其实只要观察就能发现，很多学习好的人之所以会努力学习，可能是为了毕业后找一份理想的工作、获得不错的收入，他们的人生志向可能就止步于此。毕业工作后，他们就会失去动力和方向，完成买房买车、结婚生子时，人生就开始走下坡路了。我相信，每个人身边都有过这样的例子。

众所周知，人的潜能是无限的。数据显示，终其一生，我们大脑的开发还不足 5%。有一次，我被老师叫回母校湘潭大学，与即将毕业的学弟学妹们沟通毕业之后如何更好地工作、更好地融入社会。曾记得，当时的我很不客气地跟大家讲了一个残酷的现实：即使我们学校的毕业生质量在全国位居前列，进入社会后多数人也都将归于平庸。

我列举了归于平庸的四大原因：没有远大的志向、没有清晰的目标、没有系统的原则、没有配套的方法。而“没有远大的志向”是最主要原因。自己不渴望的美好永远都不会发生，没有远大志向的指引，在茫茫人海中就容易随波逐流，迷失方向。多数人都会将自己的人生目标界定为结婚、买房、买车，且往往都是分期付款。还清贷款时，可能已人过中年，接着又会步入养生行列。

没有远大志向的指引，做人做事，都会显得比较随意，无法形成系统；废动作太多，遇到的合作伙伴多半也是不靠谱的，工作的推进效率极为低下，原本能够完成的工作可能一群人十天半个月还做不好。

没有远大志向的指引，在各自工作领域，都无法掌握配套的方法论体系。做事容易浅尝辄止，缺少专业主义、核心技能和方法论的素养；无法将工作做到极致，觉得差不多就行，打硬仗的能力明显减弱。

一、我的立志故事

下面，我就以自己的一段亲身经历来说明立志的重要性。

我是2005年大学毕业的，2004年11月就通过校招进入了一家民营500强公司。当时，我们那批一共招聘了8个人，湘潭大学3人、湖南大学3人、中南大学2人。我们8个人从企业宣讲会的几百个报名者中脱颖而出，多数都是学生干部，毕业前4个月就开始实习了。我当时被分配到了效益最差的一个销售大区——湖北大区。这是我后来才知道的，因为当时根本就没关注这些。当时只想了一个问题，就是如何更好地做好自己的工作，如何成为全集团的营销精英。

上大学时，我的专业是市场营销，看了很多商业类书籍，立下的志向就是打造像海尔、华为等一样的世界知名品牌。所以当我第一次看到企业报后，整个人都热血沸腾了，因为上面正好刊登着上一年度的获奖个人和获奖团队。至今我都还清楚地记得那一期的主题：每一天都是新年的开始！

这16个字让我刻骨铭心，因为它很好地诠释了该企业的精神：**信念坚定，意志坚毅，循序渐进，水滴石穿**！很多人总是抱怨，公司的文化流于形式、流于表面。其实，很可能是因为他们内心缺少一个“志向频道”，无法接收到这些文化背后最精准的频率、最真实的声音、最真实的力量。

于是，在那一天，我给自己确定了一个发展目标。我把这个目标称为“258计划”，就是用2年的时间做到副经理，用5年的时间做到经理，用8年的时间做到总监。之后，在一个半月的时间内，我几乎跑遍了武汉三镇的所有商超，每天都要忙到深夜才回宿舍，尽管南方3月的天气雨雪很多。

上班的时候，我把公司旗下 100 多个单品的各级渠道价格体系背得滚瓜烂熟，分析各级渠道的毛利率和销售投入政策的规律，丰富自己的销售知识。各区域经理来总部开月会的时候，我会提前准备好要问的关键问题，虚心向大家请教。有一次，总部下达了婚宴季的全国促销活动方案。该套方案，我整整学习了一个星期。里面的平面设计、氛围物料设计以及促销品和助销品的设置让我眼前一亮，我如饥似渴地学习着。

实习结束后，眼看马上就要回学校了，我却一门心思想着毕业之后，如何更快地回到武汉协助大区总监更好地开拓湖北市场；同时我还给招聘人力资源总监写了一封完整的实习报告，针对武汉白酒市场的发展现状和未来规划以及个人的学习成长计划，都做了详尽的汇报说明。让我没想到的是，这份实习报告，改变了我的人生轨迹。

毕业的前三天，我已经预订好了去武汉的火车票，结果接到了总部的电话，要求我毕业之后直接去北京总部报到。接下来发生的一些故事，我会在本书后面慢慢跟大家分享。而我们最初被公司选定的 8 个管培生，有的同学觉得太辛苦，与自己期望不符，在实习期未结束就离开了。大部分同学只工作了两三年，后来陆续离开，只有我坚持了整整 12 年。最终，我提前 3 年实现了自己的目标：只用了 5 年时间就做到国内一线白酒品牌的全国市场总监，成为全集团最年轻的高管。我之所以能取得这些成绩，离不开领导的悉心栽培和个人的运气与机遇，也跟在学生时代立下的坚定志向和实习期间立下的清晰目标息息相关。

实事求是地讲，当时我之所以被分到效益最差的大区，与我各方面的条件都不突出有很大的关系。作为毕业生，其他几个人在很多方面都比我优秀。我来自农村，性格比较内向，眼界没有完全打开，综合素养更是与他们相差甚远。我之所以能够坚持下来，并满怀热情地投入工作的方方面面，实则是志向的驱动。

这就是我作为一个普通人的一段立志经历。

二、两位圣人的真实故事

有两位圣人和一代伟人是我求学求知路上永久矗立的三座丰碑，他们就是大家熟知的王阳明、曾国藩和毛泽东。

1. 王阳明

王阳明开创了心学，是儒家直追孔孟的大圣人，立功、立德、立言，可称“三不朽”。他提出的“知行合一”“致良知”等思想是中国哲学思想的高峰，对后世和整个世界都产生了极其深远的影响。

公元1483年，王阳明到北京私塾就读。有一天，他一本正经地问老师：“先生，何为天下第一等事？”

老师乍一听，感觉有点儿奇怪，小小孩童竟会提出这样的问题？于是回答：“就像你的父亲一样高中状元，科举高第、显亲扬名就是第一等事！”

王阳明听了之后，摇摇小脑袋，说：“我觉得先生说得不对，成为圣人才是天下第一等事！”

老师非常惊愕，后来把这件事告诉了王阳明的父亲王华。36岁高中状元的父亲也表示很不理解，还痛斥他不好好读书。而日后的王阳明是这么说的，也是这么做的。他的所有学习和行动都围绕着自己的大志向，那就是成为圣人。

为了实现这个目标，王阳明广泛涉猎，遍访名师，15 岁就独自策马塞外，经略四方气象；同时还对佛家禅宗、道家养生等进行了深入研究。为了学习朱熹的“格物致知”，为了“穷竹之理”，他还“格”了七天七夜的竹子，结果什么都没有发现，人却病倒了，继而开始质疑当时已承袭几百年的被称为儒家正宗的程朱理学。

很多人可能会笑王阳明傻，但考虑到他立下的“成为圣人”的志向，就不难想象他对真理追求的坚韧不拔。当然，他的这种坚韧不拔也为自己招来了杀身之祸。他上疏救人，得罪了当时的权臣大太监刘瑾，被杖打四十，贬到贵州龙场，途中还一路遭到追杀。在龙场他终于明白了，说：“圣人之道，吾性自足，向之求理于事物者，误也！”

王阳明运用自己的哲学思想，剿荡赣南匪患，仅用 35 天时间就平定了宁王叛乱，为明王朝立下了不世之功。作为儒家心学一代宗师，王阳明门生遍及宇内，思想流传甚广，影响无可估量。后人是这样评价他的：**“求其文起八代之衰，道济天下之溺，忠犯人主之怒，勇夺三军之气，所云参天地、关盛衰，浩然而独存者，惟我文成夫子一人而已。”**[①]

2. 曾国藩

在同代诸贤之中，曾国藩被称为**“最钝拙”“且终身在扶逆之中”**。

传闻曾国藩小时候背书，往往要背很多次才能记住。一天晚上，一个小偷躲在他家房梁上，试图等他背诵完当日功课睡觉之后伺机行窃，谁知道，一直到半夜，这个“笨小孩”都没背完。听他诵读多次，小偷居然记住了。

---

① 《王阳明全集王文成公文集原序》卷四十一。

当然，曾国藩的笨拙也有据可查。比如，他参加科举考试，考了7次，才中了秀才。这一点，似乎也遗传了父亲的基因，据说他父亲曾麟书考了17次才中了秀才。

曾国藩命运的逆转，发生在30岁这一年。那一年，他在翰林院任职，身边的每个人都比他优秀。加上他已经深刻感受到官场的黑暗，于是立志要成为圣人，便写了八个字挂在自己书房：不为圣贤，便为禽兽。

曾国藩抛弃了之前吟风弄月的辞章之学转向程朱理学，决定以儒家“三纲领八条目”当作自己一生践行的理想。之后，曾国藩简直变了一个人。他是这样评价自己的：浮躁傲慢，修养差，虚伪。但众人眼中的曾国藩却是坚韧不拔，不改其志。首先，他养成了写日记的习惯，每天都刻苦练习，下滴水穿石之功，认真对照改过，并改号“涤生”，取意明朝《了凡四训》中的“从前种种，譬如昨日死；从后种种，譬如今日生”。此后10年，成就了曾国藩立志后理学修为精进、官运亨通的10年，连升七级官至二品。

曾国藩人生真正的壮阔篇章开始于41岁。咸丰二年（1852），曾国藩回乡为母守孝，被“夺情”出山办理团练，以遏制太平天国起义的迅猛发展。当时，清廷诏办团练的队伍有很多，只有曾国藩领导的湘勇承担了“挽狂澜于既倒，扶大厦之将倾，誓死捍卫孔孟礼教”的使命。但从衡州发兵正式出征到回家奔父丧的那3年，可能是曾国藩一生中最绝望、最悲壮的3年。

据唐浩明先生长篇小说《曾国藩》记载，皇帝猜疑，地方官员排挤，四面碰壁，几陷于通国不容的境地。这段时间里，曾国藩多次死里逃生。比如，兵败长沙靖港、兵败九江湖口……大败后，他甚至要投河自尽。但是，无大任，少磨难，失壮阔，不足以称圣人。我们中的多数普通人也许一辈子都不会踏入命运的洪流，不会经历跌宕沉浮，终其一生，也只能在此岸遥望彼岸。面对这样的困境，曾国藩反躬自省，反求诸己。

逆境之逆，往往在于心逆。心不平，气不顺，就容易与外界冲突。正所谓：**“降魔者先降自心，心伏则群魔退听，驭横者先驭此气，气平则外横不侵。”**曾国藩对社会产生的为人为学为官的巨大影响力，几乎无人能出其右。在评价曾国藩的成圣之路时，梁启超有过这样一段中肯之言：**“其一生得力在立志自拔于流俗。而困而知，而勉而行，历百千艰阻而不挫屈，不求近效，铢积寸累。受之以虚，将之以勤，植之以刚，贞之以恒，帅之以诚，勇猛精进，艰苦卓绝。如斯而已，如斯而已！”**[①]

从王阳明的“志不立，天下无可成之事”，到曾国藩的“人第一要立志，第二要有识，第三要有恒”，再到毛泽东的“为有牺牲多壮志，敢教日月换新天”，都诠释了立志对于一个人塑造自我、实现人生价值的核心驱动作用。

古今成大事者，不唯有超世之才，亦必有坚韧不拔之志。当然，**立志对于我们来说，可能是一件常事，似乎不难，难的是一生有志，并遵志而行，永志不衰；难的是一旦立志，便志不可摧，矢志不渝。**

在这样一个碎片化时代，随便刷刷短视频，可能两三小时就过去了。为了满足口腹之欲，我们每天摄入大量的食品添加剂。我们热衷于浅层的鸡汤八卦和声色娱乐，以获得点点慰藉，唯独缺少心灵的滋养。很多人仿佛都陷入一种无助的闭环里，想要做成一件事，总会遇到各种突发

① 梁启超：《曾文正公嘉言钞》序。

情况，让我们招架不住。我们一遍遍地懊悔，一遍遍地自责，一次又一次地“立 flag”，唯独忘记了立志。而一切平庸的真相，皆因缺少志向驱动。

志向是心中的定盘星，此心不定，注定漂泊无定；此心不恒，注定术业难恒。我们中国人经常讲，功到自然成。曾国藩说，用功譬如挖井，与其多掘数井而皆不及泉，何若老守一井，力求及泉而用之不竭乎？立志，就是要锚定这口井的位置。立下志向，身体会远离舒适区，精神却会走进舒适区。

法国作家雨果说过，让我的内心藏着一条巨龙，既是一种酷刑，更是一种乐趣。所以，从今天开始，就给自己立下一个大志向，像一个大侠一样，男儿不展风云志，空负天生八尺躯。

立志产生三大优势心理

众所周知，优势的势，其实就是一种势能。而势能的产生，中学物理老师早就教过我们，有一个重力势能的公式：EP=mgh。

这里，m 指质量，g 应取 9.8N/kg，h 指物体距水平面的高度。

从这个公式中可以看出，决定势能的最根本变量，就是高度。

志向与战略息息相关。什么样的志向，决定了什么样的目标；什么样的目标，决定了什么样的战略规划。**志向的高度，决定了战略的高度；战略的高度，决定了你是否真正拥有藐视对手的强大视野！**其中的关联，从我国最早的对战略进行全局筹划的著作《孙子兵法》就可以看出来。

《孙子兵法》提出了一个关于战略的最早模型，那就是：道、天、地、将、法。这个“道”就是心中立下的志向。没有志向，就是无道之人。没有志向的队伍，就是无道之队伍。志之所立，道之所存，才能披荆斩棘，逢山开路，遇水搭桥，虽千万人，吾往矣！

一、立大志的人都有三种优势心理

从心理学角度分析，立下大志向的人，往往具有三种非常典型的优势心理：

1. 自信

不太在意别人怎么看，特别是与志向和目标达成无关的其他事情。

2. 自律

对自己的要求非常严苛，且能长期坚持，从量变引发质变。一旦做出决定，就会一往无前，绝不会瞻前顾后，更不会轻言放弃。

3. 自驱

呈现的状态特别积极主动，无论遇到任何事，首先都会从自己身上找原因，往往能激发出强大的自驱力。

下面，我们就来再细化一下三种优势心理的具体表现以及与立志的潜在关联。

1. 自信

爱默生说过一句名言：“自信是成功的第一秘诀。”自信就是对自我评价的一种积极态度，那么这种积极的自我评价来自何处？就是对自我的一种认知，就是对自己的彻底理解，自己的与众不同，自己的独一无二。

知人者智，自知者明。心中有沟壑纵横，心中有风云激荡，心中有气象万千，而志向就是心中那座矗立的高峰。没有这座高峰，心中就会一片荒凉，如何闪耀自信之光？毛主席说：**“自信人生两百年，会当水击三千里！”**三千里之外，就是志向要达到的地方。

2. 自律

自律有三个层面：首先，对自己有非常严格的标准；其次，对身边亲近朋友有非常严格的标准；最后，对完成的每件工作的达成情况都制定了非常严格的标准。标准之高，形同律法一般存在，所以又被叫作自律。当然，自律还必须是长期持续的，否则就是伪自律，要始终如一，勇猛精进。

很多人误解说，你可以给自己定很高的标准，但不要对别人吹毛求疵。这里，就犯了两个概念上的错误。

首先，什么叫标准？标准一定有统一性，个人爱好不叫标准，因为它并不具备统一性，因此你无法要求别人。但是，真理就是真理，标准就是标准，任何人都必须遵守。

其次，及时指出身边朋友存在的原则性问题，大家互相监督、互相提醒，本身就是儒家修身很重要的部分。王阳明在晚年将心学的思想归结为三个字，那就是：致良知。那么，如何才能致良知于事事物物？王阳明提出了四个核心方法：立志、勤学、改过和责善。其中，**改己之过和责人臻于至善，都是自律的重要组成部分，是与立志一以贯之的好习惯。**

3. 自驱

立下志向就能自强不息，始终饱含强烈的内在自我驱动，这是工作中最受欢迎的品质之一。所以拥有这种心理的人，都具有很强的优势感。

很庆幸毕业工作不久，我就深读了一本超级畅销书，书名叫《高效人士的七个习惯》。书中介绍的第一个习惯是“积极主动”。记得当时看这本书的我热血沸腾，后来出差住在一个经济型酒店里，满怀壮志豪情地写下了《个人使命宣言》。这个积极主动，就是自我驱动。第二个习惯是“以终为始”。其实，这两个习惯的联系非常紧密，“以终为始”的“终”，就是我们的志向和使命。所以，只要立下一个坚如磐石的大志向，就能为自我注入不竭动力。

总结立大志产生的三大优势心理，可以用一句话来概括，就是：人贵自知，所以自信，因能自律，而后不息于自驱自强。志向立得越高，对自己的认知越透彻，越能激发出自信的巨大能量。更好地通过自律养成受益终身的好习惯，然后进入正向循环，克难攻坚，自我驱动，生生不息。

那么，产生这三种优势心理的原因是什么呢？根源又是什么？按照心理学家的分析，生命存在两大核心驱动力，即对幸福的追求和对意义的追求。追求幸福是很多生物共有的，而寻求意义却是人类独有的。对于人类来说，只有把自己纳入一个更大的意义系统中，为“大于自身的目标”而努力，才能获得真正的满足。如此，这种对意义的追求就可以用一个字来概括，即“仁”；用两个字概括，就是“忠恕”；用三个字概括，就是“致良知”；用四个字概括，就是“知行合一”；用五个字概括，就是“为人民服务”。

立志的本质，就是仁者爱人，就是己欲立而立人，就是为天地立心，为社会立志，而不是为了一己私利。孟子说：“人皆可以为尧舜。”也就是说，只要立志为圣贤，就能拥有“圣人的视野”。如同西方人所讲的“上帝之眼”，提高自我认知，就能顺天道、开天眼、观天下，就能俯视“人性之恶”，就能格物致知，为善去恶。继而看清规律，不断总结经验和教训，内心充满自信、自律和自驱，实事求是，知行合一。

这些就是立大志产生优势心理的根源所在。

二、历史上关于立志与优势心理相关的故事

1. 司马迁

说到司马迁，人们一般都会想到《史记》，但很少有人知道这部被称为“史家之绝唱，无韵之《离骚》”的《史记》是在何种艰难的情况下完成的。司马迁身受宫刑，到底是一股什么样的力量支撑着他写出了这部旷世巨著?

为了找到答案，我们就得从司马迁小时候的经历说起。

司马迁一生的主要活动集中在汉武帝时期。父亲司马谈是太史令，学识广博，精通天文历算，立志以修史为己任，对司马迁产生了深远影响。

10 岁那年，司马迁跟随父亲到长安，开始学习古文书传，遍访名师，比如，向董仲舒学习《公羊春秋》等，20 岁开始游历天下。这一段经历，毛泽东评价为**“览潇湘，泛西湖，历昆仑，周览名山大川，而其襟怀乃益广”**[①]。

① 毛泽东：《讲堂录》。

后来，父亲参与制定汉武帝泰山封禅大典，因病未能亲到现场而幽愤至死。弥留之际，嘱托他一定要完成史书的编撰。于是，司马迁开始了真正意义上的子承父志，自此，宏大志向的驱动开始伴随他的余生。

司马迁广泛结交天下贤能之士，比如，拜孔子的后人孔安国为古文经学老师，吸收孔子学说和六艺经传之精华，并决定效法孔子，继《春秋》而作《史记》，完成一代大典。他写的那句千古名言“高山仰止，景行行止，虽不能至，心向往之”，其灵感就源于此。后来，因为著名的“李陵事件”，司马迁直谏获罪，按律当斩。

面对大刑，司马迁如慕义而死，虽名节可保，但壮志未酬，于是写下了这段话：**“人固有一死，或重于泰山，或轻于鸿毛。”**这时候，如果选择一死，则如蝼蚁之死无异。然而他是如何选择的？参照他的千古名句“盖西伯拘而演《周易》；仲尼厄而作《春秋》；屈原放逐，乃赋《离骚》；左丘失明，厥有《国语》；孙子膑脚,《兵法》修列；不韦迁蜀，世传《吕览》；韩非囚秦,《说难》《孤愤》;《诗》三百篇，大底圣贤发愤之所为作也”可知，司马迁毅然选择了以宫刑赎死。因为伟大的使命，因为伟大的志向，司马迁虽九死其犹未悔！他以极大的抱负自信，极强的自律和自驱，在常人难以想见的坚忍和屈辱中，历经 8 年完成史诗级巨作《史记》。

这不仅是一部历史巨作，也是一部思想巨作，还是一部文学巨作，是中华民族思想文化的一颗璀璨明珠，渗透着司马迁卓绝千古的识力和笔力。他的文章，或为狂澜惊涛，奔放浩荡；或为洞庭之波，深沉含蓄；或春装如浓，靡曼绰约；或龙腾虎跃，千军万马……天地之间，万物之变，但存一心，无出其志。

如果没有司马迁舍我其谁的立志和担当，没有他身残处秽、隐忍苟活、幽于粪土而守志如一的情怀，世界上可能就不会出现《史记》这样的书，我们对历史的认知也会因此缺少太多营养。

历史，是被大志驱动的；历史，是被大志书写的。司马迁一生的立志传奇足以令诸多后辈汗颜，正如他在《史记·陈涉世家》中的那段："嗟乎！燕雀安知鸿鹄之志哉！"

2. 林肯

林肯被誉为美国历史上最伟大的两位总统之一，在美国民众中的地位甚至比"国父"华盛顿还要高，同时他还是共和党人的第一位总统，第一位出身低微的"平民总统"。

在林肯的一生中，以下几个关键数字足以描述他的平凡：

7 岁的时候，全家被赶到印第安纳州的西南部，以开荒种地为生。

9 岁的时候，母亲不幸去世。

从 15 岁开始，林肯才真正开始认字母，接受正规教育，上学时间不超过 12 个月。

18 岁的时候，因为身材高大，林肯被一个船主雇用。作为船员，他顺着俄亥俄河航行千里到达新奥尔良。

25 岁之前，林肯没有固定职业，为了维持生计，他当过摆渡工、店员、石匠和种植园的工人。正是这样的经历，让林肯更加理解民生之艰难，特别是黑奴制的种种弊端。

25 岁，林肯开始钻研法律，通过自考成为一名律师，并在这一年发表了抨击黑奴制的演说，建立了自己的公众影响。也在此时，林肯正式确立了废除奴隶制、促进社会公平自由的大志向，从州议员开始，一级一级竞选，8 次竞选 8 次落败！他正是在这个伟大志向的磨砺中，激发出常人难以想象的自信、自律、自驱，走向总统之位，走向《解放黑人奴隶宣言》的颁布，走向“民治、民有、民享”纲领的提出，走向南北战争的最终胜利，走向“影响美国 100 位人物”的排名第一位，演绎了一个平民子弟的励志传奇。玛丽莲·梦露这样评价他：“美国历史上最性感的男人。”

这里，我们不会在林肯短暂一生的盖世功勋上着墨太多，重点是生动地感受伟大志向和梦想对于凡人的驱动。比如，一个患有口吃毛病的人，如何成为一个雄辩的政治家？如何发表了名垂青史、声震寰宇的《葛底斯堡演说》？

林肯出身低微，无法购买太多的书。为了提高自己的演讲能力，只要得到一本好书，就会大声诵读，《拜伦诗集》《哈姆雷特》《李尔王》等都已经烂熟于心，演说时对书中的妙语完全可以信手拈来，运用自如。这些名句美妙而富有哲理，极大地增强了演说的感染力。

同时，林肯还善于模仿。为了练习自己的演讲姿势和发音，他经常徒步 30 英里，到法庭去听律师的辩护，看他们如何做手势，如何让自己的声音更加动听。然后仔细揣摩动作和发音方法，有时候还会迫不及待地把田野里的玉米秆当作听众，对着它们大声演讲。

当然，为了增强逻辑能力，林肯也会记笔记，进行深度思考，逐字逐句，条分缕析。阅读《林肯传》时，我摘录了他的很多名言，列出几条，让我们一起来感受他坚定的心志：“我这个人走得慢，但从不后退。”“世上没有卑贱的职业，只有卑贱的人。”“哪怕对自己的一点儿小的克制，也会使人变得强而有力。”“只要充分相信自己，没有什么困难可以足够持久。”从这些只言片语中，完全可以感受到他的自律和自信，以及永不停歇的自我驱动。

如何有效立志

很多人问，立志也不是什么难事吧？如何才能立志呢？

一、梦想与志向的区别

现在整个社会都在大谈梦想，比如，有人说“先赚它一个亿”，还有很多人喜欢引用的鸡汤：“梦想还是要有的，万一实现了呢。”其实这里有一个逻辑理解的差别问题，也就是梦想和志向本身是有差别的，梦想不等于志向，有梦想也不等于有志向。

梦想与志向的区别主要体现在以下四点：

1. 梦想更多的是一种结果，代表了你对未来生活的一种向往状态；而志向则代表了我们要努力的方向。二者的区别如同终点和方向的区别。

2. 梦想更多的是从喜好的角度出发，代表了一个人的热情；志向更多的是从使命出发，代表着你的责任；梦想更多的是幸福的驱动，志向更多的是意义的驱动。

3. 梦想可以依附在任何一种行为或艺术上，比如，有人梦想成为航天员、成为电影明星，但志向只能依附于真理。

4. 梦想具有一定的大众性，很多人的梦想可以是相同的；志向往往具有个体性，是独一无二的，与个人的禀赋经历等息息相关。

二、立志的三要素

王阳明在《传习录》中说过一段话：

> 立志用功，如种树然。方其根芽，犹未有干；及其有干，尚未有枝；枝而后叶，叶而后花、实。初种根时，只管栽培灌溉，勿作枝想，勿作叶想，勿作花想，勿作实想。悬想何益？但不忘栽培之功，怕没有枝叶花实？

我这些年的实践正是借鉴了阳明心学。立志就好比种下一颗种子，而这颗种子能否破土而出，能否茁壮成长，能否长成参天大树，主要取决于三个关键要素：种子的基因、种子种下的土壤，以及对种子的浇灌。

志向需要一个内核基因，那就是天赋；同时，还需要肥沃的土壤，那就是真理。只有在真理的土壤里，志向才能源源不断地汲取养分。剩下的就是浇灌，也就是王阳明经常倡导的“事上练”。

接下来，我们就来细化分享。

1. 基因

所谓志向，就是人们在某一方面决心有所作为的努力方向。也就是说，实现志向有两大条件：第一是必须有所作为；第二是在某一领域深深扎根。那么，如何才能确保有所作为并形成自己独特的竞争优势？这一点与个人的天赋基因息息相关。而要确保清晰的方向，并坚定地为之奋斗，就只有真理。在中国古代，儒家也将真理叫作天理。志向好比一个人的天命，顺应天命，就是激发天赋，遵循天理。对天赋的激发，对真理的坚守，决定着一个人能否立志成功，并矢志不渝。

天赋是与生俱来的，是个人身上独一无二的基因代码，包括个人的能力和个人的意识。比如，有人天生就对数字感兴趣，有人天生就对音乐感兴趣，有人天生就对文字很敏感等，这些都是能力；有些人天生乐观、天生积极、天生充满了勇气等，这些就是意识。**在志向里，舍我其谁的担当，其实就来自天赋里独一无二的优势。**

天赋转变成优势，需要经历一个艰难而漫长的过程，"仲永"能够大量存在原因就在于此。NBA 有一句口头禅叫"兑现天赋"。很多当年的状元选秀最终都沦落为球队替补，甚至无球可打早早退役。

天赋往往伴随着热情。在自己擅长的领域，个人很容易获得心灵的满足感，进入正向循环。所以，立志如果不从天赋开始，就如同想种下一棵百年参天大树，但种子不对，永远都无法实现。这也是最终能够成大事的人都与他的天赋基因息息相关的原因。同样，创业打造一款产品、创建一家公司，也要讲基因。

一个人、一个品牌、一个公司，都要过"立志"这一关，志不立，天下就无可成之事。而立志，就要谈到志向的内核，也就是天赋基因问题。现实中，有些公司和品牌，热热闹闹搞了几年，眼见它起高楼，眼见它宴宾客，结果却楼塌了。都是因为立志不稳，根基出现了问题，就是创始人DNA、品牌 DNA、公司 DNA 等出现了问题。他们的天赋不足以支撑起他们的志向，或者只为赚钱，根本没有志向可言。

天赋对于立志如此关键，那么如何才能更好地发现我们的天赋呢？我这里总结了三个经验：

（1）小时候的感知。小时候的感知往往是最灵敏的，我大约是从小学三年级的时候发现自己写文章的天赋要比别的同学强。小学四年级的时候，老师给我们布置了一篇作文叫《我的老师》，我的作文被老师当作范文在课堂上念。因为我出生的山村很闭塞，老师就用当地的家乡土话读，里面的很多词都是我生造出来的，或者从电视剧中学到的，因为很多同学都是第一次听到。之后，我充分意识到了自己这方面的优势。

少年总是要面子，为了这种优越感，我开始大量地借书和看书。我们小学校长的儿子跟我是同学，为了借他的书看，有一阵子我每天放学后都帮他背书包，借机背诵了大量的成语，为我的写作奠定了不错的基础。

那时候我的数学成绩也很好，老师表扬说我的逻辑能力很强。从那个时候开始，我就对自己有了“文武全才”的心理暗示。许多年后，再回头来看，发现感知这点非常重要，毕竟童心纯真无伪。孟子说：“大人者，不失其赤子之心者也！”这里的“赤子”，其实就是“尺子”，就是差不多只有一尺长的小孩。越是小时候的感知，越接近真相，本性越纯乎天然。

（2）借鉴“发现天赋热情的6种方法”。成年人决定立大志之前，不妨用以下6种方法来发现自己的天赋和热情：

a.假想自己的钱已经赚够，觉得自己最想做的特别有意义的事情是什么？可以按照先后次序给自己列一张清单。

b.融入活跃的组织里去。对于该组织，首先你应该比较喜欢，融入后，找到自己觉得最舒服的那个角色，可能就是你的天赋和热情的方向。

c. 多尝试一些工作职业和方向。职业和行业的跨度可以更大一些，这样覆盖的面更广，找到天赋和热情的概率更大。

d. 收集身边的同事、朋友和家人对自己的评估，综合比较自己更擅长什么。

e. 有意识地自我观察，发现自己最专注的项目和时刻。

f. 咨询专业的心理咨询师或阅读相关的书籍，来理解发现。

（3）大约在 10 年前，我曾采用过盖洛普《优势识别器》。作者与优势心理学之父唐纳德·克利夫顿的科研团队一起合作，提出的“优势理论”来源于管理学大师彼得·德鲁克的一段思想名言：“多数人都自认为知道自己最擅长什么，其实不然……然而，一个人要想有所作为，只能靠发挥自己的优势。”

整个识别过程大约需要 30 分钟。记得当时是在一个网站在线测试，核心逻辑就是通过一些题目测试出你天生的思考方式、感受方式和行为方式，一共 34 个主题。我当时识别出来的五大优势分别是：行动、统率、专注、交往以及追求。总的来说，感觉比较符合自己，这五方面后来也越来越成为自己的强化方向。

2. 土壤

当我们感知到与生俱来的天赋和优势，如何真正有效地进行激发呢？唯一的选择，就是把天赋作为内核嵌入我们立下的大志向。如果一个人从小就具备画画的天赋，当他立志成为一名画家时，志向越大，成就越高，他的天赋能否最大化地激发呢？天赋只是一颗种子，用错了地方，也可能给自己和社会带来巨大的伤害。还有很多天赋的种子，连生根甚至发芽的机会都没有。

我小时候有很多时间是在外婆家过的。我现在依然记得很清楚，我的一个表哥也是小时候的玩伴，很会画画，画的牡丹花就像真的一样。那时候我们都喜欢看动画片，比如《圣斗士星矢》，他能把里面的很多人物画得栩栩如生，但是后来因为各方面的原因发展平平。主要原因就在于，认知的受限。他初中毕业没考上高中，然后出去打工，后又回到老家开杂货铺，辗转做点儿小生意。后来，我一直在外面读书工作，彼此见面很少，听过几次他的消息。可以说，如果他那个时候学做设计，加入我们这样的公司，至少是一个非常棒的设计师，不至于“泯然于众人矣”。

那到底何为真理？如何找到真理？就像这本书的名字，何谓大侠？侠之大者，为国为民。也就是说，我们要做为国为民的事情，这就是真理。把志向立在一己之私上，再好的天赋也会枯竭。真理，就是最符合实际永恒不变的道理，即客观事物及其规律。以儒家的语境来说，把真理叫作天理，可能更容易理解，就是儒家倡导的“存天理，去人欲”。进入现代文明社会后，真理被法律法规更好地保护起来。所以，我们立志的禁区更加醒目、更加强烈，绝不能触犯法律。

其实，要想找到真理并不难，我们小时候就是被这些滋养长大的。真理是美好的，立足于美好，立志为社会创造美好，立志就能愈真、愈善、愈美。另外，真理绝不是停留在书本和口头上的，必须是自己切身体悟的，才能称之为真理。“实践是检验真理的唯一标准。”这句话告诉我们，要在不断实践的求索过程中，去发现真理、感受真理。什么是对？什么是错？只有通过实践，才能真正懂得。在追求真理的实践过程中，不用担心失败，就像高尔基说的那样：“错误经不起失败，真理却不怕失败。”

其实，立志的这片真理土壤，就存在我们每个人的心底。中国的儒家哲学讲“吾心即宇宙，天理在吾心”，也就是所谓的“心外无物，不假外求”。如果我们的内心是光明的，像镜子一样透亮，就可以无物不照，就能探寻到事物发展的必然规律。所以，立志，立在何处？既在天理，又在心底，故能生生不息。我们要做的事就是，光明我们的良知，澄澈我们的内心，以心为壤，育志于心，从心底立志，立最坚定的志。

3. 浇灌

天赋是志向的内核，真理是志向的土壤，如何悉心浇灌？我们应该向圣人学习，**就是王阳明所讲的“事上练”。“事上练”，志向越磨砺越清晰；“事上练”，志向越磨砺越宏大；“事上练”，志向越磨砺越坚定。**

“事上练”，志向越磨砺越清晰。伟大的志向刚开始时一定是模糊的，就像刚出生的婴儿还没有长开一样，也像一颗种子还没长出枝芽一样。随着“事上练”的悉心浇灌，志向就会像种子一样破土而出，慢慢长出形状。比如，小学生发现自己有写作的天赋，结果最终没有成为一个畅销书作家，而是成为一名调查记者，立志揭露人间的阴暗和不公，还社会以法制和公平。这一定与他的成长经历和事上磨炼有很大的关系，他也一定在各种选择之中有过纠结和彷徨，但最终立下的这个志向正是他在不断磨砺中清晰起来的。

“事上练”，志向越磨砺越宏大。伟大的志向刚开始也是渺小的。比如，运动员立志成为奥运冠军，将自己从事的体育运动推广到全世界。在这之前，他的志向可能只是一个校运动会或一个区运动会的冠军。一次偶然的机会，发现了自己某项运动的天赋，开始参加训练，找体育教练。从少年到青年，他需要克服多少伤痛、克服多少次懈怠、克服多少次别人不理解的嘲讽，又需要付出多少汗水、付出多少心血、付出多少常人难以想象的磨砺？

“事上练”，志向越磨砺越坚定。伟大的志向刚开始一定是虚弱的，或许只是心里偶尔划过的一道光。当我们立下一个志向的时候，最需要忍受的，其实是无边的孤独。毕竟在这个世界上，只有极少数人才能明白立志的重要性并付诸行动；多数人也许穷其一生，荡如浮萍，只是他们不知道而已。在磨砺自身的过程中，在很多事情上都会与他人发生原则上的冲突，发生认知上的背离。也许我们一度会怀疑自己，屈原一声浩叹——“举世皆浊我独清，众人皆醉我独醒”，之后依然坚定地发出呐喊：“路漫漫其修远兮，吾将上下而求索！”同样，一代雄杰的曹操为天下一统的坚定志向写下千古名篇：“神龟虽寿，犹有竟时。腾蛇乘雾，终为土灰。老骥伏枥，志在千里。烈士暮年，壮心不已。”

所以，立下志向的种子，就要用心浇灌；立下了志向，就不要空谈，要“事上练”，要不断地实践。实践，立志，再实践，再立志，如此循环反复，孜孜以求，才能磨砺出一个清晰强烈、格局高远、坚如磐石的大志向。诚如孙中山所言：“吾志所向，一往无前，愈挫愈奋，再接再厉。”

以上就是立志的三大要素：基因、土壤和灌溉。可见，发现了自己的天赋，作为志向这颗种子的内核，然后找到一片真理的土壤种下去。通过不断实践，不停地“事上练”，志向就会越来越清晰，越来越宏大，越来越坚定。

二、我立志创立梁大侠品牌的经历

我出生在湖南衡阳的一个小山村，父母都是地地道道的农民。爷爷是当地为数不多的吃“国家粮”的工人，小时候的我有一定的优越感。那时我体弱多病，父母农活比较多，奶奶身体也不太好。我有很长一段时间都跟着爷爷在工厂里度过，一方面是厂里医院方便治疗；另一方面就是可以跟厂里幼儿园的小朋友一起玩。那时候我特别羡慕那些厂里幼儿园的小伙伴的多才多艺，比如，拉手风琴、弹钢琴。我只能玩泥巴，捏各种车和各种动物。说实话，当时我有一点儿小小的自卑。爷爷带着我去其他工友家，我都怯生生的。

后来回老家上学，我小学一年级考了全班前几名，离不开这段时间奶奶的引导。我奶奶是旧时代地主家庭的闺秀，因为成分不好才下嫁到我们家。奶奶很重视我的教育，她教我识字，练字，读书。她告诉我“读书才有出息”，这也是我在那个封闭落后的小山村里强烈感受到的。于是，我小时候就立下了第一个志向，就是成为我们当地第一个大学生。

我变得越来越自信，家人也很支持我。为了让我练字，我叔叔从外地回来，都会给我买字帖、买毛笔，没有纸，家人就给我找来废报纸。后来都写完了，奶奶干脆让我用粉刷涂料的那种排笔，直接提一桶水来写。我记得每到暑假，我每天至少一个下午都会趴在家里的水泥地上练字。农村人认为要想读好书，必须先写一手好字。会写字的人，会产生一种很强的优越感。

字练好了，我就开始给家里人和族里人写各种对联，比如，春节对联、结婚对联等。大约在我 8 岁的时候，一个堂叔结婚，要用毛笔登写礼金。我就像个秀才一样，一支笔，一砚墨，一张红纸，坐在堂屋前坪的桌上规规整整地记录每一笔礼金，在当时的老家引起了很大的轰动，都传我们这里要出大秀才。这是我的第一个天赋，就是发现自己对字体的研究和理解特别痴迷。

小学四年级的时候，我的作文开始被老师当作范文在课堂上读给大家听。我发现了自己的第二个天赋，就是作文。在初中和高中阶段，凭借这个优势，我赢得了很多荣誉，比如作文比赛等。初中我拿过衡阳县作文比赛一等奖，高中时拿过衡阳市作文比赛一等奖。按道理我的作文成绩和语文成绩一直很好，应该顺理成章地成为一名文科生，事实上我在高中分科的时候选了理科。

我的数学成绩一直很好。大约在小学六年级的时候，我开始自学初中的多元方程式，来解答小学的数学题。当时我很喜欢几何学，喜欢求阴影面积，特别喜欢有逻辑地总结归纳一些新方法。小学六年级，我还给一个数学杂志投过稿，发明了一套分子分母快速计算的口诀。进入初中后，班主任就是数学老师，数学成绩提升更快。看到身边有些文科成绩不错的同学数学很一般，使我产生了自己"文武双全"的自信心。

至此，我发现了自己身上存在的三大天赋：对文字和语言敏感，对字体和设计敏感，以及对逻辑和结构敏感。

后来，我写了一句话来形容自己：务实的理想主义。就是身上兼具了感性和理性的部分。其实，直到今天快到不惑之年，我才认知得这么清晰，中间也经历过很长一段时间的迷惘。比如，高中三年，就产生了很大的心理落差。初中时，在全镇近 10 所中学里，我的成绩排名前几位，但进入重点高中的重点班后，置身于全县排名的竞争格局中，成绩就沦为中等偏上一点。另外，对物理、化学和生物等学科，我的兴趣也一般。我好胜心很强，所以一度比较苦恼。进入大学后，我的自信心得到了极大的恢复，首先是自己报考专业，选择了文理科兼收的专业——市场营销学。大学时期微积分、经济学、概率论与数理统计等数学科目成绩一直很好；而且，相对大部分系里的文科生，我还有优势，最关键的就是大一新学期我成功竞选为班长，成为学生会干部，后来还竞选为新生辅导员。大学时期得天独厚的地缘优势和文化土壤，开启了我对曾国藩等湖湘文化代表人物研究的大门，使我对哲学和历史产生了浓厚的兴趣。

在从小学到大学共 16 年的求学过程中，我逐渐发现和清晰了自己的三大天赋基因。真正让我感受强烈的，还是毕业之后正式参加工作。作为管理培训生，在金六福长达 12 年的熏陶和历练，为自己真正地立大志，找到了除天赋内核之外的两大核心要素：土壤和灌溉。

大学毕业进入公司之后，我开始是做销售。由于经常在企业报上发表文章，受到领导关注，做了一段时间的行政。之后用了短短几个月的时间就被调整到了我最喜欢、最擅长的市场营销和品牌管理岗位。

在这个岗位上，我创造了全集团最快的晋升速度。毕业一年被提拔为品牌经理，毕业不到 3 年被提拔为事业部的品牌总监，毕业 5 年被提拔为全集团最核心的品牌金六福的全国市场总监、金六福管理委员会成员；开发和推广销售过亿元的产品 30 余款，创造了新品上市招商一个半月销售突破 1000 万瓶的行业奇迹。2013 年被评为“中国品牌十大职业经理人”，其间还获得过中国广告长城奖的金奖、中国营销创新大奖等多项殊荣。

当然，最让我引以为自豪的是 2011 年春节，我带领团队一起策划了国内民间首个春节回家拼车联盟——“金六福春节回家互助联盟”。在那种没有顺风车以及成熟的监督技术的情况下，我们从品牌的公信力出发，打造了拼车平台，为成功配对的车主购买保险，还赠送过年回家的团圆福酒，引发了强烈的社会影响力；著名主持人白岩松在《新闻周刊》还做了6分钟的专题报道。

持续的、闭环的工作磨砺，长期的如切如磋、如琢如磨，甚至于如痴如醉，使我的天赋和热情得到了从未有过的激发。我开始深度思考自己人生未来的发展方向，开启了从内心深处寻求真理的征程。

2015年，除了工作之外，我开始系统地研习阳明心学。心外无物、知行合一、致良知的思想对我的触动非常大。我开始寻找自己工作的意义，我做的品牌工作，到底是为了什么？它的终极意义在什么地方？当时，共有三个关于工作真理的问题一直萦绕在心头：**1. 到底什么样的品牌是有价值有意义的？2. 如何系统地从无到有地打造一个这样有价值有意义的品牌？3. 如何发动更多的志同道合的人一起参与进来，参与到这项伟大的事业当中来？**

2016年1月30日那一天，我带着这些长期的思考，决定开始一场真正的“朝圣之旅”。去哪里呢？就是去王阳明被发配的地方，即贵州修文县龙场驿。这是阳明心学开启的地方，著名的“龙场悟道”就发生在这里。我凌晨4点半就从北京的家里出发，搭乘最早一趟去贵阳的飞机，然后租了台车直接赶往修文县。当时龙场正在闭园整修，经过我的再三请求，门卫终于准许我进去。这使得我在隆冬时分整个园区寂无一人的情况下，可以孤身进入阳明洞，跨越时空，闭目静息，正襟危坐聆听圣人的垂训。

图 1–1 阳明洞，贵州龙场驿

在阳明洞，我回顾了自己 30 多年来能记起的所有经历，一年一年都像电影镜头一样掠过。我渐渐意识到，此生要过得有意义，必须立下一个坚定的大志向。这个大志向必须与国家大义和民族大义深度联系在一起，必须具有很强的普世价值。有了大志向，就有了定盘星，就能“致吾心之良知于事事物物”，也能像孔圣人所讲的“从心所欲，而不逾矩”。这是何等的轻快洒脱，是何等的潇洒自如！

那一天所思所想，在我的一生中注定是刻骨铭心的。记得回到北京，是凌晨两点。

后来，我把这件事讲给身边的朋友听。有人说，你这段经历堪比梁朝伟从香港专程坐趟飞机去伦敦喂鸽子一样潇洒。我在想，这不就是潇洒吗？**每个人来到世间，能够志向高远，为理想而奋斗，更有意义更有价值更有尊严地活着，这不就是“潇洒走一回”吗？**

其实，每个志向还须有时代的宏大背景。改革开放 40 余年，我们走完了西方发达国家几百年的征程。从客观角度来说，很多东西依然不系统、不成熟。以品牌为例，国人对品牌的理解或者对品牌的追求，未来定然会是今天活跃在电视屏幕上的那些所谓名牌吗？随着信息革命和新的消费人群的崛起，新的认知迭代，哪些应该是永恒不变的，哪些品牌能够跨越时代发展的周期，哪些品牌会化作历史的尘埃？

2016 年年底，我强烈感受到一场新消费主义的浪潮必将到来！会有大量的新品牌诞生，新产品、新营销和新团队也将被重新定义。而一切革命的源头皆因强烈的冲突，在我从事的白酒行业，最强烈的冲突是什么？真理或许就蕴藏在这个冲突中。

我是涉足白酒行业最早的一批 80 后，我所在的公司被称为“酒业黄埔军校”。可以说，无论是年龄优势，还是公司的自身实力，我一直都处在行业发展的最前沿思考问题和解决问题。白酒是中国传统的行业之一，该行业的问题恰恰就在这两个字上面：传统。该传统不是我们应该坚守的文化的传统，而是白酒行业正在失去对年青一代的吸引力，这是最大的问题。

该问题出现的根源，主要有三个。

首先，白酒的口感过于浓烈，喝起来太冲，而且喝多了，比较容易上头，会影响第二天的工作状态。年轻人大多都是工薪一族，这一点很关键。

其次，白酒的设计很土，或者有些看起来像个暴发户，不太符合年轻人的审美。营销的美学曲线自 80 后这一代就激昂地陡转向上，这一点不难解释。比如，年轻人钟爱苹果、优衣库等设计，简约风一定是未来的潮流。

最后，就是文化。白酒作为政商务消费的情感载体，面子成为主旋律。白酒太过于讲面子、讲历史，而这同样与年轻人的观念相去甚远。年轻人不喜欢应酬，喜欢简单，更不喜欢讲面子，因为他们基本没过过苦日子，内心没有要通过炫耀来获得心灵满足的诉求，他们更加追求个性。

从“白酒正在失去对年青一代的吸引力”这个现实冲突中，可以提炼出三点，即口感、包装和文化。其实，进一步提炼，对应的就是品质、颜值和情怀。所以，我们可以预见，未来各行各业真正可以长盛不衰、紧跟时代潮流的品牌，一定要同时具备三大要素：高品质、高颜值、高情怀。如果再进一步提炼，就是三个字：真、善、美。

“真”就是高品质，要永远坚持做品质好的产品；

“善”就是要有故事，有情怀，不断激发出人性中善的部分；

“美”就是颜值、包装、视觉等表达要素。

感悟到这点时，我觉得自己已经悟到了做品牌的真理，即品牌是为真、善、美而存在的。世间一切好的品牌，都应该为美好而存在。我更加坚定了创业的方向，决定打造一个能够扛起中国白酒年轻化新旗帜的全新品牌，不仅为白酒行业，还要为整个社会创造和传达更多的真、善、美。

创建品牌时，我会充分考虑时代背景，考虑到当今年轻人的生活状态。早些年流行的丧文化弥漫在年轻人群体中，年轻人没有吃过什么苦，奋斗的原始动力不足。加之城市生活的压力越来越大，买房、生育和培养小孩已经成为他们不可承受之重，所以丧文化便有了滋生的土壤。

其实，丧文化就是一种对生活的绝望和自嘲。记得当时为了赢得消费者的认同，为了拓展市场，很多品牌都策划出丧文化的文案，但是“幸福是奋斗出来的”！热血、奋斗、情义等才是年轻人的底色，这无疑就成了目前年轻群体的冲突之一。

从行业冲突的现实和社会冲突的现实出发，我为自己创立的品牌，确定命名为“粱大侠”。粱，是高粱的粱，代表我要酿造一瓶纯粮高粱酒；大侠，代表着新时代的侠文化，核心就是热血、本色、奋斗、情义、洒脱和担当。比如，北漂青年不应该在这里随波逐流，应该踏上江湖路，做一个堂堂正正的大侠。而我之前讲到的真、善、美，从品牌基因序列编码的角度，也得到生动体现。

1. 真就是高品质

粱大侠出自中华老字号，是一个有着 800 多年酿酒历史的永丰烧坊，就是现在的北京二锅头酒业股份有限公司。为了酿造出“纯粮、柔和、不上头”的口感，我特意拜酒厂总工程师、中国评酒大师高连华和贡献文伉俪为师。他们二人因精湛的酿酒技艺和高雅的襟怀人品，被称为中国酒业的“神雕侠侣”。在传统二锅头酿造工艺的基础上，粱大侠加入了浓香型老酒的调和，呈现出“甘、润、醇、柔”四大招牌风格。

2. 善就是高情怀

我们对侠文化进行了新时代的演绎，没有把侠仅仅局限在武侠层面，只是通过一个少年侠客的形象作为品牌的超级符号，更多的是对侠文化进行重新演绎。我个人对侠文化的理解也得到了极大的升华。在我看来，侠文化的本质，就是知行合一，就是做事凭良知，也就是王阳明特别强调的“致良知”。大侠为什么能“路见不平一声吼”？其他人看到，难道不想去施以援手吗？因为只有大侠知行合一。在抗击新冠疫情的战斗中，我们身边涌现出众多义无反顾穿着白衣铠甲的“逆行侠”。他们也怕感染，但依然凭着自己的良知冲了上去。所以，侠文化所诠释的正是知行合一，是赤子之心，是浩然之气，是少年之梦，是为国家和民族奉献自我的勇气和担当。

3. 美就是高颜值

为了寻找灵感，我跑遍世界，打造了极具差异化的琥珀琉璃发光瓶。只要给它一点点光，就会通体透亮。这其实也暗含着侠文化的赤诚亮堂的本色。

打造完产品后，我开始系统地梳理公司文化，就是我们的使命、愿景和价值观。一直以来我都在学习成长，深受儒家文化的影响，特别是“经世致用”“知行合一”等儒学思想的影响；如何把新时代的侠文化、侠义精神有机地融入其中并致力于推广和弘扬，是我和我的创业团队最大的意义所在。

我们将创业使命确定为：弘扬侠义精神，酿造更美好的生活。

我们将品牌发展愿景确定为：打造中国白酒侠文化的第一品牌，打造侠文化的超级 IP，成为中国向世界输出的一张文化名片。

在世界华人文化圈中，侠文化引起了很强的共鸣；成为中华文化重要的组成部分，是公司长期奋斗的坚定目标。最后，我们把公司的核心价值观确定为 12 个字：艰苦奋斗、结果第一、效率为王。这也是对新时代侠文化的一个注脚。

如今我们已经创业 4 年，顽强地活了下来，并进入发展的快车道。中间的种种艰辛，我们不必过多赘述，真正经历过创业的人，都知道创业有多难；同时，在红得发紫的白酒市场中突围，打造一个全新的品牌，更是难以想象的艰辛。我们之所以能坚持下来，与我们“立大志做大侠”密不可分。

立志如同播下一颗种子，基因、土壤和浇灌，三者缺一不可。而立下大志向，产生的自信、自律、自驱等品质更能让我们披荆斩棘，受用无穷。士人有百折不回之真心，就有万变无穷之妙用。电视剧《大江大河》在结局部分有一段宋运辉的经典旁白：“所有的变化，都可能伴随着痛苦和弯路，开放的道路也不可能是阔野坦途。但大江大河奔涌向前的趋势，不是任何险滩暗礁所能阻挡的。道之所在，虽千万人吾往矣。面对艰难险阻，我愿意为之奋斗。”

企业更需立大志

相对于个人来说，企业更需要立下一个大的志向，这个大志向必须有效地统一组织成员的个人志向，真正发挥它的指引作用。有一句话讲得好：**“没有方向的船，什么风都是逆风。”**王阳明的那句“志不立，天下无可成之事”，不仅仅适合于个人，更适合一个组织、一个企业。

一、企业立下大志向的迫切性

企业需要立大志，似乎是一句正确的废话，道理一听就懂，但真正践行的公司却少之又少。世界领先的民调机构盖洛普公司发布过一份《员工敬业度与工作环境研究》报告，提出中国员工的敬业度仅为6%，远低于13%的全球平均水平，处于全球最差的水平，甚至还低于非洲这些落后地区。究竟是何种原因引起的呢？我们能切身感受到，在平时的工作中似乎很难提及共同的志向是什么，更不要说一个彼此认同、鼓舞人心的大志向了。当然，所有的问题都蕴藏着机会，大问题意味着大机会。为了更本质地讲透企业立下大志向的迫切性，我从三方面展开来谈。

1. 企业没有大志向，不是个人的迷失，而是一群人的迷失

原因就在于，企业创始人没有坚定明确的大志向，不能有效解决战略方向的核心关键问题：我们在哪里？我们为什么在这里？我们要去哪里？我们为什么要去那里？我们如何才能到达那里？我们何时才能到达那里？

我们经常在朋友圈看到，迷失的人继续迷失，痛苦的人继续痛苦，彷徨的人继续彷徨。他们不甘心，继续用“创业”来伪装自己。他们并不知道，根本问题就在于组织缺少坚如磐石的大志向的指引。

一群南飞的大雁，因为有明确的栖息地，才能队形整齐，展翅高飞，一天行程约800千米；而一窝麻雀，叽叽喳喳乱飞一阵，也不过几里地。这不是简单意义上的“燕雀安知鸿鹄之志”，人与人、组织与组织的差别更大。如果企业的眼中只有利润，而没有志向，就会什么容易赚钱就做什么，没有战略定力。侥幸能够存活下来，却发现，该储备的人才没有储备，该把握的大机遇没有把握，走了很长一段弯路，离出发的地方只有咫

尺之遥。

2. 企业没有大志向，不是一个人的浪费，而是一群人的浪费

企业发展最宝贵的资源，就是时间资源和人才资源，而人才只有成为时间的朋友，才能不断进化为企业各阶段需要的人才。企业没有明确的大志向，就是对时间最大的辜负，对人才最大的浪费。

据说，任正非经常讲这样一句话："绝不在非战略点上浪费资源。"企业没有大志向，战略不可能清晰，只能眉毛胡子一把抓，带来时间、人力和资源的极大浪费。我身边有不少号称创业的朋友，平时聚在一起的时候，问他们什么地方花的时间最多？很多人都说是应酬。大家都觉得，活下来比什么都重要，但这并不是我们浪费时间的借口。没有坚定的大志向，没有志向上的知行合一，只想着怎么赚钱、怎么活下来，永远只能在活下来这个层面苦苦挣扎。几年之后，发现自己的成长期非常有限，即使确实赚了点儿钱，但已经养成了一些不好的生活习惯，搞垮了身体，得不偿失。带着一群伙伴创业，结果最终留下来的人，没有几个。即使是留下来的，进步也很少。这样的创业，价值和意义何在？这只是一种停滞甚至衰退，是最大的浪费。

3. 企业没有大志向，不是一个人的悲剧，而是一群人的悲剧

如今很多媒体都在渲染创业者的悲剧，似乎创始人焦虑吃安眠药成了标配，跳楼、抑郁、自杀等也屡见不鲜。关于这一点，我们无意说太多，毕竟确实存在一些无法预知的困难和挑战，很多人创业失败导致家破人亡、妻离子别、团队作鸟兽散。

为何会出现这样的悲剧？难道就是一句无奈的"时也，命也"？公

司规模小，结局可能还好一点儿；大公司的战略问题导致的破产清算，就会如“泰坦尼克号”一样沉没！无数员工和家庭都会因此受到巨大打击。

在媒体上经常可以看到，很多500强企业，因为多元化经营，资金链断裂，不仅发不出工资，连员工内部持股投入的资金都无法取出来。那可是一个家庭一辈子的积蓄，包括子女抚养、父母赡养和个人退休等，一下子就没有了着落；此外，还有长期建立的人际关系、掌握的工作技能等，一切又要重新开始。基本上到了某个年龄段，离职等于永久性失业，想自己做点儿生意又没有本钱，这就是人间悲剧。没有方向的航船，遇到的都是逆风。一个企业，不管是一叶扁舟，还是万吨巨轮，只有锚定大志向，不管风吹浪打，不管暗礁险滩，才能激流勇进。

二、大志向的本质

企业的大志向到底是什么？其实就是一个组织的使命、愿景和价值观。

使命是指，企业为什么存在，是要解决一个什么样的社会问题而存在？

愿景是指，为了解决这个社会问题，企业将要抵达的位置在哪里？

价值观是指，企业在完成使命、实现愿景的过程中，组织成员要遵守的核心原则是什么？

这三点至关重要，构筑了企业的“精神穹宇”。只要这三点真真切切地出自创始团队的初心，一定会照亮组织未来前行的路，不至于迷失方向。作为企业，要反思自己的志向，反思是否赋予组织成员一片仰望的星空。

在中国，很多企业的使命、愿景和价值观往往存在以下两个突出的问题。

1. 空喊口号，过于空泛

企业立志跟个人立志道理一样，都需要从企业本身的基因天赋出发，找到相应的社会痛点，通过寻求真理，形成一个系统的解决方案。该解决方案可能是产品，也可能是服务。然后不断地进行磨炼，持续精进，在问题解决的过程中，实现价值的创造。

可是，如今多数人创业，都是奔着赚钱去的。他们鼓吹的不是一个新的痛点，而是别人已经在解决的痛点，或者说别人可以比他解决更好的痛点。那为什么还需要你们公司存在呢？因为，不从差异化的核心痛点出发，公司会很快陷入同质化的泥潭，一步错，步步错。志向在出发的那一刻就模糊不清，接下来的发展只能听天由命。

2. 无法知行合一

使命、愿景和价值观，初心一般都是正确的，但初心被搁置在公司的文化墙里，根本就没有走进创始团队的内心，更不要说深入员工的心里去了。说现在是中国商业文明进化的关键阶段，就是这个道理。

我们上两辈的企业家，第一代基本上都是改革开放办厂起来的，第二代就是顺应互联网浪潮起来的。这里，存在太多的机会。企业的发展主要依靠机会的驱动、改革的超级红利。有些企业发展很快，某种意义上有很大的“赌运气”的成分，也就是所谓的“富贵险中求”，只要敢冒险，就能迎来大的发展机遇。使命、愿景和价值观，主要用于装门面，并没有转化为企业发展的内在核心驱动力。也就是说，企业发展本质上是靠外在机会的驱动，而不是内在志向的驱动。但是，现在不一样了。人口红利慢慢消失，产能严重过剩，产品同质化严重，内卷进一步加剧。企业只能反求诸己，从自己的志向出发，不忘初心，牢记使命。

企业的使命、愿景和价值观，还必须与创始人和管理团队的个人志向统一，才能相互赋能，成其久远。我个人很不欣赏那些所谓成功的重复创业者，先创立一家公司融资，上市，然后又创办一家公司，又上市，横跨了不同的行业。哪里有机会，他就出现在哪里，仿佛永远都是风口上那只飞起来的猪。其实，这样的人内心都很不安，也不一定能成功。

重复做多家上市公司和沉下心来做一家伟大的公司，哪个更有机会名垂青史？这里讲的不是功利之心，而是实实在在地给社会和人类的发展带来不可忽略的价值。有些人太聪明，聪明到忘记了本心，趋利而动，逐机而行。其实，他们很早就衣食无忧了，为什么还会这样？从本质上来说，他们错把功利目标当成了人生的志向。世间难寻心安处，繁华一生为谁活？也因为创始人没有“吾道一以贯之”的志向驱动，使整个公司的志向，也就是发展战略层面，失去了定盘星和主心骨。这样的企业也许会因为抓住一两个机会而实现发展，但从长期来看，很难穿越发展的周期。为什么会出现众多的“眼见他起高楼，眼见他宴宾客，眼见他楼塌了”？仔细解读商业史，就会发现，所有好的企业和企业家，都带有一种浓烈的理想主义气质。

创业就是持志而行

带着志向去创业，于己于团队，都是一种莫大的幸运。因为我们清晰地知道，自己要去哪里。没有百折不回的志向，就不会有万变无穷的方法。

带着志向出发，究竟是怎样的一种感受？潇洒！有一首歌唱得好："让我们红尘做伴，活得潇潇洒洒，策马奔腾，共享人世繁华……"这首歌虽然是用来描述爱情的，但也适合于创业。与自己的志向为伴，与志同道合的朋友为伴，就可以沉浸其中。心中无其他念想，是否像极了爱情？

王阳明说："持志如心痛，一心在痛上，岂有工夫说闲话、管闲事？"这句话似乎有点儿林黛玉的感觉，心中挚爱即为痛点，个人志向就是我们自己的痛点，企业的志向就是社会的痛点，都是需要我们付出挚爱的地方。在公司我经常会与大家分享这段话：**"聚焦大痛点，一针捅破天，活出一片天！"**表达了对志向的坚定践行，志向愈坚定，人生愈潇洒，天高地阔，世间繁华。

创业就是一场潇潇洒洒的持志而行，一旦立志，便矢志不渝。"唯大英雄能本色，是真大侠自洒脱"，这句话道出了侠之大者的无比从容的状态，为什么呢？因为我们创业是带着志向出发的，此心一片磁针石，不指志向不肯休。真正高远的志向，不仅能让我们看得清、看得深，还能让我们看得高、看得远。如此，出发的时候，我们就能赢在起点，赢得"战略的高度"。在接下来的过程中，即使遇到很多诱惑和新的机会，也不会像"黑瞎子掰苞米"一样，走进机会丛生、陷阱密布的原野，朝三暮四，丢三落四。这个时候，"保持向前"的定力正是来自"矢志不渝"。唯其如此，才经得起各种诱惑，才能天高地阔。

创业是一场潇潇洒洒的持志而行，一旦立志，便永志不衰。孟子有句话："吾善养吾浩然之气。"浩然之气不衰，再大的苦难，也有解决的办法。关于这点，不用举出太多的例子了，就以我刚创业的那段时间来说明。我刚创业的时候，身边很多朋友都不理解。我在一家公司从基层做到高层，通过 12 年的积累，自身的专业能力和资源已经足够，完全可以让自己衣食无忧，没事多陪陪老婆孩子，多出去旅游不好吗？为什么一定要出来创业呢？且积累得越多，意味着放弃得越多，相当于从头开始了。至于为什么要坚持出来创业，我在前面已经讲过，就不再重复，我想说的是下面的内容。

当我们信心满满地把产品推上市场的时候，经历了最黑暗的 6 个月。在这段时间里，我们一共高薪招聘了 6 名销售总监，分别负责各自的市场。大家之所以愿意加入进来，都是基于对产品、对品牌以及我个人的高度认同，这一点是肯定的。大家都希望把产品尽快推向市场，可是都没有意识到市场竞争止滑向内卷化的转折点，行业经销商选择产品代理，要么选择大牌傍大款，要么选择底价操作的短线产品，对谋求长期主义发展的新产品和新品牌几乎已经失去信心。原因主要有两个：第一，多数人的资金和资源有限，过去所谓的大商，基本上都是在某个机遇点上代理了某个大品牌，高端酒并不是依靠团队驱动的，也不是依靠网点资源驱动的，而是靠人脉关系资源驱动的；第二，打造一支团队的成本和风险远超过去，碎片化加剧了人心浮动，兼职人员越来越多，对于营销铁军的打造缺少信心。

从这两方面来说，几乎就是一道无解的题。梁大侠只要一上市，就意味着被现有的酒类渠道商放弃。不是说产品不好，不是说营销不好，不是说品牌没有潜力，而是放眼整个行业，有意愿代理并能做好的客户寥寥无几。怎么办？我们投入了高额的人员工资和差旅费，四处拜访客户，但客户都不愿意签代理合同，月亏损高达几十万元。到第 6 个月月底的一天，销售总监一起来找我辞职，说我们不想再浪费公司的钱了，每天领着工资都于心不忍，有机会还会给公司介绍客户。我知道，他们内心已经彻底放弃了，于是毫不犹豫地答应了。现在回想起来，我个人竟然没有表现出一丝一毫要退却或放弃的意思。如果当时创业只是为了赚钱，遇到这样的反差和形势，早就应该放弃了。正是因为立下了一个大的志向，致力于弘扬侠义精神，我才将中国的白酒文化与侠文化结合起来，打造了一个属于中国人的文化 IP。那段时间，我的状态一如从前，没有过多焦虑，而努力寻找真正属于自己的客户。

有一天，我偶然打开经常学习的“毛选”，第一篇文章《中国社会各阶级的分析》中的第一段话吸引了我：“谁是我们的敌人，谁是我们的朋友？这个问题是革命的首要问题。”[①]

电光石火之间，我问自己：为什么要去找客户代理我们的产品，为什么不能让客户主动找我们？如果这个假设成立，关键点就是要思考：“谁是我们的朋友？”谁是我们的代理商呢？事实上，这群人广泛存在，就是把赚钱与事业结合起来的“创业新青年”。只不过，这群人在白酒现有的经销商群体里并不多见，普遍代表着更年轻、更高的学历和认知、更新的营销传播方式，以及更高的精神追求。这不就是我想要找的志同道合的伙伴

① 《毛泽东选集》第一卷。

吗？他们在哪里？如何找到他们？

为了找到这些人，我放弃了线下招商会的模式，开始大量地招聘和培训内容团队，持续输出好的内容，持续引爆产品流量。让他们在线上通过各种传播了解我们，主动给我们打电话。然后双方约定尝试产品后，见面深度沟通合作的具体细节……经此调整，客户源源不断而来。之后的一个月时间里，我们几乎每天都在接待客户，洽谈合作签订事宜，市场慢慢打开。

这是我们公司的一次非常重要的转型和转折。我后来跟团队回忆这段经历，说了这样一句话：永志不衰的真理！志向让我们内在的小宇宙爆发，没有迷失于死胡同里。我相信，在所有有志向的团队里，都在奋斗的历程中，一幕幕地上演这种原力觉醒与苦难辉煌。

像大侠一样创业，首先就要像大侠一样立大志，立为国为民之志。然后持志而行，依志而为，矢志不渝，永志不衰。

大侠说 1：立大志

1. 真正的创业，成功率都很高。创业的失败率之所以很高，是因为很多原本不适合创业的人选择了创业。

2. 创业是少数人干的事，但绝不是少数聪明人干的事。那如何区分这少部分人呢？一个关键标准就是：是否立下了大志向。

3. 归于平庸的四大原因：没有远大的志向、没有清晰的目标、没有系统的原则、没有配套的方法。而“没有远大的志向”首当其冲。

4. 立志对于我们来说，可能是一件常事，似乎不难，难的是一生有志，并遵志而行，永志不衰；难的是一旦立志，便志不可摧，矢志不渝。

5. 一切平庸的真相，皆因缺少志向驱动。

6. 志向是心中的定盘星，此心不定，注定漂泊无定；此心不恒，注定术业难恒。立下志向，身体会远离舒适区，精神却会走进舒适区。

7. 志向的高度，决定了战略的高度；战略的高度，决定了你是否真正拥有藐视对手的强大视野。

8. 标准一定有统一性，个人爱好不叫标准，因为它并不具备统一性，因此你无法要求别人。但是，真理就是真理，标准就是标准，任何人都必须遵守。

9. 梦想具有一定的大众性，很多人的梦想可以是相同的；志向往往具有个体性，是独一无二的，与个人的禀赋经历等息息相关。

10. 立志，立在何处？既在天理，又在心底，故能生生不息。我们要做的事就是，光明我们的良知，澄澈我们的内心，以心为壤，育志于心，从心底立志，立最坚定的志。

11. 未来各行各业真正可以长盛不衰、紧跟时代潮流的品牌，一定要同时具备三大要素：高品质、高颜值、高情怀。如果再进一步提炼，就是三个字：真、善、美。

12. 如果企业的眼中只有利润，而没有志向，就会什么容易赚钱就做什么，没有战略定力。侥幸能够存活下来，却发现，该储备的人才没有储备，该把握的大机遇没有把握，走了很长一段弯路，离出发的地方只有咫尺之遥。

13. 创业是一场潇潇洒洒的持志而行，一旦立志，便矢志不渝。

CHAPTER 2——————第二章

吃大苦

多年来，人们对“吃苦”的概念似乎都只停留在“锄禾日当午，汗滴禾下土。谁知盘中餐，粒粒皆辛苦”这样的诗句上。提到吃苦，似乎农民和进城的农民工永远都是最辛苦的，还有备考的学子和备赛的运动员等。

当然，这些苦确实都是苦，却不是苦的全部，甚至有些只是呈现了苦的一些表层而已。快递小哥、外卖小哥、代驾小哥等，同样都很辛苦，但必须明确的是，这些看似很辛苦的人，不一定都能吃“大苦”。

结合自己的工作和创业经历，**我把“吃大苦”细分为三块：苦于磨砺心性、苦于提升认知、苦于精进技能。其实，对应的就是一个有志者的心、脑和手。**

苦于磨砺心性

为什么要苦于磨砺心性？主要是为了拥有强大的内心。

不可否认的是，多数人的内心其实都非常脆弱。刚走出校门时，稍微重一点儿的工作任务，就能把他们压垮；领导的批评和同事们的指责，更是雪上加霜。

创业这几年，让我感到吃惊的一点就是，身边的 90 后患有抑郁症和焦虑症的比例并不低。记得前后有两三年，大约有 6 位同事因为抑郁症无法在公司继续工作而辞职；其实我们并没有强制要求大家加班。

后来，我在与大家的交流过程中，总结出几个主要原因。比如，信息的超载带来的压力。短视频和微信上，充斥着太多信息，大家很难专注做好一件事，满足感大幅减少，缺少自我愉悦，自我满足。再如社交恐惧症。现在大家都很有个性，都追求自我，不像过去那样有好的集体氛围，缺少知心朋友，心中的苦闷和压力无处诉说和排遣，只能堆积在心里。还有经济的压力，父辈的贫富差距已经拉得很大，他们心里已然形成落差，当自己走出校门要去面对的时候，更觉希望渺茫。当然，还有极少来自原生家庭的影响。

另外，从医学生命科学的角度来分析，其实就是大脑中快乐因子分泌的减少。不管如何分析这些原因，根源都是内心太脆弱。但是，没有人天生就拥有强大的内心，虽然与环境相关，更在于日常学习工作过程中的磨砺。所以，磨砺心性就显得如此重要了。

一、强大的内心到底能为我们带来什么

强大的内心，对于我们人生的价值和意义到底又是什么？问题不讲透，内心很难强大。

1. 内心强大，才能从容攻坚克难

内心强大的人，容易洞察到一个道理，就是在这个世界上，任何人都不能随随便便成功。在“立大志”的篇章中，我们特别讲了司马迁的故事。他写的“文王拘而演周易，仲尼厄而作春秋”，就已经足以说明这一点。梁启超也说过：“患难困苦，是磨砺人格之最高学校。”[①]

内心强大的人，善于总结人性，善于总结规律，善于从威胁与机会的缝隙中突围。《孙子兵法》中有言：“知彼知己，百战不殆”，这个“彼”不是敌人，而是我们在人生的不同阶段面临的各种艰难困苦。

内心强大的人，会时刻做好迎战的准备，绝不存一丝一毫的侥幸。

他们的内心之所以强大，就在于内心早已构筑起了强大的“防御工事”。敢有来犯之敌，定让它有来无回。所以，**从更高的战略维度来讲，正是因为有了强大的内心，才减少了各种不必要的艰难困苦和意外。**

为什么这么说呢？这一点，可以《孙子兵法》中的一句名言解释：“无邀正正之旗，勿击堂堂之阵。”内心如此强大，准备如此周全，一般的困难也就不敢找上门来，这就叫“不战而屈人之兵，善之善者也”！

---

① 梁启超：《饮冰室全集》。

2. 内心强大，才能笑对世事无常

我们是作为个体生活在这个世界上的，只能控制自己的内心，不能控制自己的身体。因为在我们的整个人体中，每分钟就会有 1 亿个细胞死亡。最神奇的是，大脑神经细胞的神经冲动传递速度超过 400 千米 / 小时，相当于 777 飞机速度的一半。

细胞代数学说（亦称细胞分裂次数学说）认为，人体细胞相当于每 2.4 年更新一代。人体中的细胞每时每刻都在焕然一新，这些细胞有好的变化，也有不好的变化。而这种变化仅存在于我们的身体，外延到世界的万事万物，每时每刻也在不断变化着。甚至我们的地球、太阳系乃至整个银河星系都在不断变化着。所以这种强大的不确定性是客观存在的，且会伴随我们终生。

焦虑，往往来自对无常的抗拒。内心脆弱的人，任何风吹草动，都足以让他一惊一乍，诚惶诚恐。正因为人生无常，所以人类发展出来的哲学，都是为了强大我们的内心，以此应对无常。

我们的儒释道文化，都藏着应对人生无常的智慧。比如，儒家的“未知生，焉知死”“尽人事、听天命”“朝闻道，夕死可矣”，曾国藩所讲的“未来不迎，当时不杂，既过不恋”等。

在儒家看来，世界充满了无常，我们无法知道明天和死亡哪一个先来，最好的办法就是活在当下，活着的时候好好活，苦难或死亡来临的时候，义无反顾地去迎接它。

佛家讲的是“因果轮回，积德行善”，给了人们直面无常的勇气，今生的行为与来生的幸福紧密相连，要日行一善，为来生积累

福报。

道家对无常和死亡的态度则更加超脱。道家认为，人活着的时候是痛苦的。一方面是身体受苦，正如庄子所言：“终身役役而不见其成功”；同时，心灵也不堪其苦。①

庄子把人的一生看作辛苦劳作的过程，死反而是一种休息、一种解脱。

当然，虽然道家苦生乐死，但绝不意味着他们鼓励人们去死，相反道家非常重视养生。老子认为，生命贵于名、利，要处事豁达，坦然面对无常。

从儒释道的哲学来看，一个人只有内心强大，才能笑对世事，才能充盈着哲学的光辉，这也是磨砺心性的自然结果。

3. 内心强大，才能实现人生理想

虽然我们提倡要多学哲学，包括儒释道，但不能否认的是，我们的正统还在于儒家思想。儒家讲究的是“入世之学”，佛家道家是“出世之学”“避世之学”。儒家讲的“为天地立心、为生民立命、为往圣继绝学，为万世开太平”，与所有创业者的出发点高度一致。我们人生的终极价值就在于实现理想，而在实现理想的过程中，风云激荡，荆棘密布，艰难丛生。

现实中，半途而弃的例子实在太多，经历欺骗和背叛而变得一蹶不振的例子也太多；一辈子碌碌无为、蝇营狗苟、虚度光阴的例子更是数不胜数。任何人都想活得更有意义，没有人不想去实现人生理想，他们唯一的

① 庄子：《齐物论》。

区别，就在内心的强大与脆弱！

那么，内心强大的人，究竟要强大到什么地步，才能实现人生理想，而不仅仅是一次次地排忧解难？内心强大到一定境界，就会像电视剧里演的那些圣人和神仙一样，形成一个大的心灵磁场光圈，照亮自己，照亮众人，照亮理想之路。

弟子评价王阳明："如赤日当空，而万象毕照。"[①] 正如他最后留给世界的8个字："此心光明，亦复何言！"中国人讲"雄心壮志"就是这个道理。**立下大志向，磨砺心性，就能修炼强大的内心，心中无敌，内圣外王，一步步书写人生理想的壮阔篇章。**

二、如何磨炼心性，修炼出强大的内心

无论是在工作中从容地攻坚克难，还是在生活中坦然面对各种无常，抑或一路风雨兼程、披荆斩棘，实现人生理想，都需要一颗强大的内心。那么，到底如何磨炼心性，修炼出强大的内心呢？答案就是，心中要"三有"（见图 2–1）：

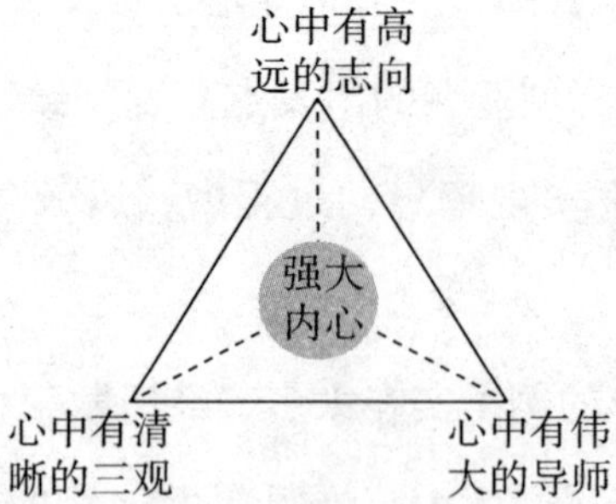

图 2–1 内心强大的"三有"

① 黄宗羲：《明儒学案》。

1. 心中有灯塔——高远的志向

关于这一点，我在“立大志”的篇章中已经讲过很多，包括立大志产生的三大优势心理：自信、自律、自驱。每个“自”都是在修炼强大的内心。

志向，就是心中的灯塔，志向立得越高远，灯塔发出的光芒就越强。具体的逻辑之前已经讲得很透彻，这里我们讲个故事。

曹操在历史上很有名，他的内心强不强大？千古名句“老骥伏枥，志在千里，烈士暮年，壮心不已”足以说明。他是中国古代杰出的政治家、军事家、文学家、书法家和诗人，几乎是全能的旷世奇才。

小时候，曹操任性好侠、放荡不羁，不修品行，不研究学业，人们都觉得他不会有大出息。但是，乱世出英雄。那又是怎样的乱世？在东汉末年的军阀混战中，黄淮流域的社会经济遭到空前破坏，百姓遭屠，土地荒芜，幸存者被迫离乡背井，流落他方，“白骨露于野，千里无鸡鸣”。曹操19岁举孝廉，在陈留起兵，然后初据兖州，到官渡之战打败袁绍，继而远征乌桓统一北方，接着又遭遇赤壁之战这样的大败，位极人臣却遭受非议……

这样的大起大落、大是大非、大苦大难、大功大过、大忠大奸，我们姑且不做太多评述，因为历史也无法盖棺论定，我们可以感受到的是，他的内心可以强大到何种程度？可以肯定的是，曹操强大的内心正源于其高远的志向，这一点完全可以从他的诗文中感受到：

山不厌高，水不厌深。周公吐哺，天下归心；

齐桓之功，为霸之首。九合诸侯，一匡天下；

设使国家无有孤，不知几人称帝，几人称王……

心中有灯塔，气量何其大？平生只赴青云志，睥睨天下为谁雄？最后把这一生的是非功过，留与后人评说。

2. 心中有指针——清晰的“三观”

即世界观、人生观和价值观，已经上升到哲学的高度了，总结起来就是认识论、方法论和实践论。“三观”属于认识论的范畴。

（1）世界观。世界观是人们对整个世界总的看法和根本观点，人们的社会地位不同，观察问题的角度不同，就会形成不同的世界观。世界观的基本问题是精神和物质、思维和存在的关系问题。根据对两者关系的不同回答，划分为两种根本对立的世界观基本类型，即唯心主义世界观和唯物主义世界观。人生观是指对人生的看法，也就是对于人类生存的目的、价值和意义的看法。

（2）人生观。人生观由世界观决定，是一定社会或阶级的意识形态，是一定社会历史条件和社会关系的产物。人生观是在人们实际生活过程中逐步产生和发展起来的，受个人世界观的制约。不同社会或阶级的人有着不同的人生观。

（3）价值观。价值观是指人们在认识各种具体事物的价值的基础上，形成的对事物价值的总的看法和根本观点。一方面表现为价值取向、价值追求，凝结为一定的价值目标；一方面表现为价值尺度和准则，是人们判断事物有无价值及价值大小的评价标准。

个人一旦确立了价值观，便具有相对稳定性。但就社会和群体来说，随着人员更替和环境的变化，社会或群体的价值观念又会不断变化。传统价值观念不断地受到新价值观的挑战，对诸事物的看法和评价在心目中的主次、轻重的排列次序，构成了价值观体系。

价值观和价值观体系决定着个人的行为。从以上“三观”来看，个人一旦形成了比较清晰和稳定的世界观、人生观和价值观的体系，他的人格就能获得相应的解放和独立。他不会人云亦云，随波逐流，不会对身边的发展变化混沌不清，只会不断地进行实践和总结，使其“三观”体系得到强化、优化和系统化。一旦认识世界、认识自我、认识事物的能力变得越来越强，这种辨别性就如同在内心安装了“指南针”，内心越来越强大，面对人生的惊涛骇浪，也会比一般人要从容很多。

为什么很多人不适合创业？或者说创业之前根本就没有做好准备？有些人“三观”不正，甚至对“三观”几乎没有概念，面对创业卷起的千重浪，能如何应对？结局可想而知。

3. 心中有导师——伟大的知己

法国著名哲学家和数学家笛卡儿有一句名言：“阅读优秀的名著，就如同与古今中外卓越的先贤，促膝谈心。”个人一旦立下坚定的志向，形成系统的“三观”，就是我们前面提到的“心中有灯塔”“心中有指针”，结果就是“心中有导师”。这些导师，会成为他们人生路上伟大的知己。

行走在人生路上，遇到任何疑难，都能从内心的导师那里找到清晰的答案。我们只要结合实际情况，按照相应的原则去执行就行。伟大的先贤都是从巨大的磨难中脱颖而出的，相比较他们所面临的，我们遇到的这些困难，又算什么？作为一个湖南人，一个儒家思想和湖湘文化熏陶的创业者，我心中也有一个伟大的导师——曾国藩。曾国藩的“拙诚”思想不仅对我们这样的创业者有影响，也对整个近代湖南人产生了巨大影响，也因此改变了中国历史的走向。心中有这样一位导师，试问遇到哪些问题，会找不到答案？

当然，随着时代的发展，不同的导师都有其历史局限性。我们可以在心中矗立几座“导师之峰”，当作伟大的知己，面临重大抉择的时刻，不妨与他们“促膝谈心”。他们身上那些永不过时的真理和永不褪色的精神，会激励和指引我们迎难而上、昂首前行。

通过不断地磨砺心性，强大我们的内心，是创业者要吃的“三大苦”中的第一苦。吃不了这个苦，所谓的“立大志”也只是夸下的一句海口，对世界撒下的一个大谎言，甚至是制造出来的一个大骗局！而且，不解决心性的问题，后面所讲的认知和技能，都可能产生反作用力，甚至引发灾难性后果。

有些商人极其聪明，通过眼花缭乱的资本操作，一下子就能打造自己的商业帝国，但过不了多久，就会欠下巨额债务，让投资者倾家荡产，给社会造成极大的损失和极坏影响，从万众瞩目的创业英雄变成众人唾弃的过街老鼠。究其根本，就是没有解决心性的问题。心性，可以解决方向和心态的问题，如果创业者“内心有灯塔、内心有指针、内心有导师”，是不会犯下这种错误的。

我总结了“创业人性七宗罪”：自私、贪婪、侥幸、傲慢、虚荣、嫉妒、恐惧。只有不断地磨砺心性，才能反复磨砺掉这些罪恶，磨砺得越彻底，内心越澄澈、越透亮、越光明、越强大。

三、什么叫真正的“苦于磨砺心性”

1. 稻盛和夫

下面，我们通过一个未来会写进历史的先贤说说什么叫真正的“苦于磨砺心性”。这个人就是众人熟知的日本“经营之圣”稻盛和夫。

稻盛和夫取得的成就有目共睹，除了亲手创办了两家世界500强公司京瓷和KDDI，在78岁高龄时还成功拯救了已经宣告破产的日航的“凯撒”。稻盛和夫说过一句名言：“工作就是提升心志，磨炼人格的修行。”把工作放到了修行的高度。

稻盛和夫与任正非一样，都曾经身患癌症又痊愈，可以想象，这种人内心会强大到什么地步？1997年6月，在一次身体检查中，医生告诉稻盛和夫患了胃癌。他没有恐惧，只是淡淡地回应：“哦，是癌症吗？”听完医生的宣告，他跟没事人一样，继续搭乘新干线给中小企业家做演讲。晚上又跟一些学员喝酒交流意见，直到深夜才回家，和平常一样上床休息睡觉。

同时，稻盛和夫还认为，成功也是一种磨难。他说：

> 成功和失败都是一种磨难。有人成功了，觉得自己了不得，态度变得令人讨厌，表示其人格堕落了；有人成功了，领悟到只凭自己无法有此成就，因而更加努力，也就进一步提升了自己的人性。而真正的胜利者，无论是成功或者失败，都会利用机会，磨炼出纯净美丽的心灵。

这与我们在前文中提到的企业人性中的“七大要害”遥相呼应，也是心性磨砺的关键对象。[①]

稻盛和夫还有一个著名的“成功方程式”：

成功 = 能力 × 热情 × 思维方式。

“能力”主要指遗传基因以及后天学到的知识、经验和技能；

“热情”是指从事一件工作时所有的激情和渴望成功等因素；

“思维方式”则指对待工作的心态、精神状态和价值偏好。

个人和企业能够取得多大成就，主要看三个因素的乘积。三者是相乘的关系，也就是说，如果思维方式出现了问题，比如，心态出现了问题，成功的概率可能就微乎其微。稻盛和夫的成功方程式需要有极其清澈的内心、极其敏锐的头脑、极其勤快的双手。与前文中提出的吃“三大苦”一样，对应了有志者的心、脑和手，是全方位地吃苦。

在我刚参加工作的时候，就牢牢记住了稻盛和夫的四句话：

不断树立高目标；

付出不亚于任何人的努力；

不要有感性的烦恼；

一定要严酷地锻炼自己。[②]

从这四句话中，就能清晰看出阳明心学的影子。稻盛和夫的经营哲学就脱胎于中国儒家的阳明心学。

2. 西乡隆盛

阳明心学是推动日本明治维新的核心思想，这里要提到一个人，就是

---

① 稻盛和夫：《稻盛和夫一生嘱托》。
② 稻盛和夫：《干法》。

日本“维新三杰”之一的西乡隆盛。他是对稻盛和夫影响最深的人，也是其鹿儿岛的老乡。

西乡隆盛对阳明心学有着非常高的造诣，被称为日本“最后的武士”。其实，小时候的西乡隆盛只是一个被周围人唤作“傻大个”的平凡孩童，后来却成长为令幕府末期英雄们都深感叹服的高洁之士，最终推动并促成了明治维新的伟业。

西乡隆盛的人生道路经历了各种考验。比如，年轻的时候，与僧人朋友月照一起在鹿儿岛的锦江湾投海自尽，最终只有他侥幸获救。挚友之死给西乡隆盛带来了巨大的痛苦。此外，西乡隆盛还曾两度被流放到远离大陆的偏僻小岛。尤其是第二次，因触怒了政敌，被押送到远离鹿儿岛的小岛，囚禁在狭小的牢笼中任由风吹雨打。然而即使是在这种逆境当中，西乡隆盛也毫不懈怠，苦读中国经典古籍，充实提升自己。最终，西乡隆盛不仅忍受了所有的苦难，还以这些苦难为资粮，磨砺了自身。之后，西乡隆盛赢得了威望和拥戴，最终成为明治维新的重要推动者。

西乡隆盛的人生证明，面对苦难，是甘拜下风、舍弃梦想，抑或中途妥协，还是视苦为乐、坚韧不拔，决定着个人能否成长。在经历人生的各种考验时，磨砺心性显得异常重要。

……

总之，苦于磨砺心性，根本就是养一个字：仁。中国有句古话：“仁者不忧，仁者无敌。”心中无敌，就能无敌于天下。“仁”是儒家思想的核心，也是孔子思想的核心。“仁”是忠恕之道，己欲立而立人，己欲达而达人，己所不欲，勿施于人。这种克己复礼，如同佛家所讲的“明心见性”一般大彻大悟。天地万物本为一体，我们可以强大的内心，是如同宇宙一般的存在，吾心即是宇宙，宇宙即是吾心。

苦于提升认知

最近，出现了很多关于认知的段子，比如，“你永远只能赚你认知范围内的钱”“凭运气赚的钱，也会凭你的认知亏掉”等，这些段子都强调了认知的重要性。

那么，究竟何为认知？其实就是一个人的思维，可以反映出一个人大脑的运转效率。毫不夸张地说，高维度认知的人跟低维度认知的人之间的认知差别可能不只是几倍、几十倍甚至上百倍的问题，而是天壤之别。因为大脑开发的程度不同，正常人的大脑被开发利用得还不足 10%。

正常人的脑细胞有 140 亿 ~150 亿个，只有不足 10% 被开发利用，大部分都处于休眠状态。更有研究统计认为有 98.5% 的脑细胞处于休眠状态，甚至有专家认为只有 1% 参加了大脑的功能活动。

过了 30 岁，人类的脑细胞每天都会以十万个的速度死亡。虽然这个数字对 150 亿脑细胞来说微不足道，但如果死亡的是已开发的、有功能的，必然会影响脑效能，会显得迟钝呆板。我们的大脑潜能约有 95% 尚待开发与利用，即使像爱因斯坦等科学精英的大脑的开发程度也只有约 13%。

人与人之间的认知差别之大，正如电影《教父》的著名台词所言：

花一秒钟就看透事物本质的人，和花一辈子也看不清事物本质的人，注定是截然不同的命运。

一、提升认知到底对我们有哪些帮助

1. 持续提升认知，能帮助我们看清本质，少走弯路

看到这段文字的时候，可以静下来复盘：自己最近一天、一周、一个月，都做了哪些事情？哪些事情有助于推动关键项目，可以产生决定性影响？可以肯定地说，多数人的多数时间都是无效的。

我见过很多创业者，从一开始就做错了，结果一错再错，后面所做的工作基本上都是消耗和浪费。比如食品快消品，我们最需要解决的问题是什么？第一是产品，第二是价格，第三是渠道，最后是推广。但很多人本末倒置，模糊了产品本质，生产出一款产品后，就急着做推广，结果忙了一圈后，发现没找到几个客户。

在我的朋友圈，总能看到一些懂得坚持的朋友。他们会在每天早上 6 点准时起床发朋友圈广告，永久不变的几款产品照片，产品卖点没有任何打动人心的地方，产品的差异化不强，性价比不高。请问这样的坚持有什么意义？然后，还要花不少时间和费用去参加各种展览会……这就是典型的没有看清本质，没有在本质上发力。

在公司内部我经常讲一句话——“在价值的爆发点上去拼”。做工作，要看清工作的本质，把工作内容进行有效分解，在核心工作项目上发力，集中优势资源，才能实现对工作的有效推动！

比如，创业公司的财务管理，很容易走弯路。之前我们公司财务就存

在这样的问题，线上电商和线下销售涉及的费用类目很多。财务每天都在讨论各种费用问题，觉得这里有问题，那里也有问题，频繁地与销售人员沟通、讲道理，每天都会在这上面浪费很多时间；在员工离职方面，问题更是层出不穷。

后来，我跟他们开了一个专题会议，一针见血地指出存在的本质问题，就是缺少清晰的财务费用申报核销的指导文件，且对该文件没有进行持续的迭代和修订，往往都是头痛医头脚痛医脚。要想解决这个问题，关键就是要让财务制度不断迭代，清晰界定费用的细节问题，找到各类问题；然后，开发系统的培训课件……这就是抓问题、抓本质、抓关键。

这样一番操作下来，不仅给公司省下了不少费用，关键是整个组织的效能还得到了极大的提升。

好的财务管理制度，能够杜绝很多管理上的问题，就是中医所说的“治未发之病”。**凡事看清本质，就会少了废话，少了废动作，自然也就不会惹上那么多废事。**德鲁克在《卓有成效的管理者》中特别提及的“要事优先”，说的也是这个道理。关键就在于，提升我们的认知，分辨什么样的事才是要事，要事就是关于本质的事。

2. 持续提升认知，能帮助我们掌握规律，顺势而为

从本质上来说，所谓顺势而为就是借东风。赤壁之战采用火攻，就是典型的借东风。

当然，这里绝不是简单意义上的诸葛亮借的那场东风，而是要牢牢掌握三个层面的规律，在不同层面借东风，顺势而为，势如破竹。第一，

曹操南下，敌强我弱，联蜀抗曹，双方利益相同，很容易联合在一起；第二，曹操的军队都是北方人，不习惯水战，把战船连在一起，为火烧赤壁创造了有利条件；第三，为了让这把火烧得更旺，需要了解清楚，在那个季节，哪天发动火攻的时机是最好的。以上三点，从战略和战术的层面，周瑜都牢牢地掌握规律，顺势而为，这一史诗级的胜利也就成为必然。

万事万物都在不断运转中，都带有很强的规律性，无论是日升日落、月盈月亏，还是春夏秋冬、四季轮回，都有其客观存在的规律。

掌握规律，顺势而为，其实就是一种天道，创业更是切不可逆天而行。比如，中华民族的伟大复兴，就是不可逆转的趋势和潮流，只要深度了解中国5000年的历史文明演进，就能觉察出我们现在所处的时代，正处于一种什么样的发展轨道上。如何借国运之大势，也就成了当下创业者首先要考虑的核心问题。比如，消费升级就是不可逆转的潮流，但是消费升级的本质是什么？仅仅是把产品价格提高吗？为了找到答案，就要了解当今社会的主要社会矛盾，即人们对于美好生活的向往与发展不均衡不充分之间的矛盾。

当今社会产能过剩，做一些只会给社会增加产能负担的项目，就是逆势而为。如今，在淘宝、拼多多等平台以及一些商场和集市，这样的例子有很多。未来的消费品，要想在市场有所作为，必须品质过硬、价格合适、颜值担当，并情怀满满……这不仅是市场的规律，也是社会的规律、人性的规律和时代的规律。如今，电商发展很火，众商家都到线上销售，这本身也是合乎规律的。但是如果到线上推广，产品没有解决问题，价格没有解决问题，就没有解决根本问题，容易陷入一种借东风的假象中。这也是一种逆势而为，结果可想而知。

3. 持续提升认知，能帮助我们降维攻击，事半功倍

所谓的降维攻击，用中国的一句俗语来说，就是“杀鸡用牛刀”。现实中，这样的例子实在太多。以广告市场为例。过去人们理解的广告公司，都是像以电视、报纸、户外大牌等为主的媒体形式。

湖南卫视曾经红极一时，依靠《快乐大本营》《超级女声》《快乐男声》等节目火遍大江南北，包括后来浙江卫视的《中国好声音》等。这些节目其实就是通过提高收视率，增加广告收入，但是如今最大的广告公司早就不是传统的媒体广告公司了，而是互联网公司。比如百度，后来的腾讯和阿里巴巴，现在崛起的美团、拼多多和字节跳动。新型的广告公司，广告营收与传统的广告公司简直不可同日而语。这就是在广告模式上的降维攻击，重新开辟新的战场，抓住了“流量”这个本质。他们开辟出流量的汪洋大海，在中间构筑起一条“苏伊士运河”，对来往的品牌商家收取广告费用。

再如，解放军是如何打败国民党反动派的？分析起来，其实也是赤裸裸的降维攻击，为什么这么说呢？表面上看，对方的武器是飞机和大炮，我们是小米加步枪，但是从软实力角度、从队伍的使命和愿景的角度、从当时社会的主要矛盾的角度、从部队民主作风和被人民大众拥护支持的角度等来看，无论是建立共同信仰，还是形成统一思想、树立先进典范，解放军都是把国民党反动派“摁在历史的地板上摩擦”。

《孙子兵法》中讲到战略的“五事”：道、天、地、将、法，只要认真分析，就能高下立判。降维攻击就是绝不在对方设定的战场上进行决

战，而是开辟出一个全新的战场，在对方够不着或不适应的地方与之展开竞争。通过战略升维，让战略成为实力的放大器，对竞争对手形成碾压态势。

这个世界没有绝对的“以弱胜强、以少胜多”的案例，被我们津津乐道的那些古往今来的战例，都隐藏着认知上的降维攻击。**提升认知，跳出竞争去看竞争，跳出过程去看结果，跳出已经形成的固有思维框架，以更高的视野、更精准的方法，形成降维攻击，往往能够使我们的工作和学习取得事半功倍的效果。**

二、提升认知的方法

提升认知如此重要，那么究竟哪些方法可以有效提升认知呢？我总结了“四多”，即多学习、多见识、多实践、多总结。接下来，我们就来与大家做一个分享和探讨。

1. 多学习

自工作以来，特别是最近这些年的创业经历，让我更加深刻地感受到了“知识就是力量”。在认知迅速迭代的今天，各种概念纷至沓来，各种迷雾驱散不尽，没有一定的知识储备，很容易迷失。可是，现实中需要我们学习的知识有很多，究竟要怎么学？

哲学家培根说：

> 读史使人明智，读诗使人灵秀，数学使人周密，科学使人深刻，伦理使人庄重，逻辑修辞之学使人善辩。[①]

① 〔英〕培根：《谈读书》。

从认知角度上来说，为了更有效地达到前文提到的提升认知带来的三个作用——看清本质、少走弯路；掌握规律、顺势而为；降维攻击，事半功倍，从实用主义角度出发，我认为关键是要学好哲学、科学和历史三门学科。

（1）学哲学。很多中国人都喜欢言必称哲学，其实对哲学的理解多数还停留在诸子百家，比如，孔子的《论语》、老子的《道德经》等。中国哲学讲究的“微言大义”，完全可以用来立志、正心和修身。如果从实践角度出发，建议多读一些西方的现代哲学，打破固有的国界思维，比如马克思主义哲学。

如今，马克思主义本土化已经在中国几代人中得到不断升华，唯物辩证法就是提升认知的强大武器。

唯物辩证法即马克思主义辩证法，它以自然界、人类社会和思维发展的一般规律为研究对象，是马克思主义哲学的重要组成部分。

唯物辩证法认为，物质世界是普遍联系和不断运动变化的统一整体，辩证规律是物质世界运动的规律，是最全面、最丰富、最深刻的发展学说。

唯物辩证法包括三个基本规律：对立统一规律、质量互变规律和否定之否定规律。

另外，还要反复学习马克思主义哲学中国化的代表著作《实践论》《矛盾论》《论持久战》等经典作品。哲学是我们认知世界的窗口，包括系统的认识论、实践论和方法论。作为创业者，没有一定的哲学修养，根本就行不通。

（2）学科学。科学与哲学本身是一体的，二者最大的区别就是科学是可以用来证伪的客观真理，而科学概念太宽泛，可以分门别类地去学习，比如自然科学、社会科学等，囊括了我们工作学习生活的方方面面。

在这里，我建议要学习经典，比如,《人类简史》《社会心理学》《梦的解析》等世界名著。可以列举的书籍或经典影视剧就更多了。这里我要特别提及一本书对我的影响，它就是《影响力》。这本书几乎对我们工作生活的方方面面都有影响，包括我现在创业也会经常用到。书中提到了“建立影响力的六大核心原则”：互惠、承诺与一致、社会认同、喜好、权威和稀缺，都体现了人类底层的心理学代码。

（3）学历史。之所以要学好历史，是因为有记载的人类文明已经绵延几千年。在历史的浪潮中人性已经多次复现，我们今天面对的一切，无论是政治、经济，还是文化，今天所遇到的多数问题，历史都在重复上演，所以毛主席有一句话讲得很好：“我们看清历史，就能看清未来。”

学习历史就是究天人之际，通古今之变，从历史事件中去分辨主观性和客观性，去分析历史事件的脉络和走向，去探求其中的必然性，识别其中的偶然性。如今，很多创业者都在看《长征》这本书以及改编的电视剧。因为从这里能够发现很多创业成功的规律，以及创业取得关键性突破的关键性要素……但是，关键是我们怎么学。娱乐性质的走马观花，通常都不会取得任何效果。

学习历史还有一个很好的方式，就是熟读名人传记，解析一个人九曲回肠、波澜壮阔的一生，去探求人生路上遇到的各种困难、挑战和机会。比如,《富兰克林自传》就是一本非常好的人物传记。富兰克林是一名政治家，是美国国家的创始者、美国独立运动的领导者、民主精神的缔造者、《独立宣言》的起草者，还是杰出的科学家、外交家、作家和社会实业家。

他像是“从天上偷窃火种的第二个普罗米修斯”，是举世公认的现代文明之父、美国人的象征。

这本书影响了几代美国人，历经两百余年经久不衰，是一本励志奇书：包含了人生奋斗与成功的真知灼见，以及诸种善与美的道德真谛，是改变了无数人命运的美国精神读本；阅读本书，更是与一个伟大心灵的对话，可以收获一份人生修养的智慧，同时看清整个美国的时代变迁。

对我影响最深的人物传记小说，就是唐浩明老师编写的《曾国藩》。后来我又看了很多版本的曾国藩传记，基本的历史事实大同小异，由此就可以系统梳理出曾国藩在不同时期发生的一些重大事件，以及他对此做出的应对。比如，好朋友欧阳兆熊是这样评价他的：曾国藩一生历经巨大磨难艰辛，一生共经历了“三变”：从年少时候的辞章之学到为京官时期的程朱理学，再到兴办团练、领导湘军初期的申韩法学，最后遭受排挤，又转入黄老之学，融会贯通，成就了“立功、立德、立言”三不朽。

通过这些人在历史长河中激起的小浪花，我们就能窥见发展的潮流以及人性的光芒，得以用更宏观、更深邃的认知去看待世界和人生。

2. 多见识

中国有句古话：读万卷书，行万里路。“知识”可以拆开成为两部分：“知”就是知道；“识”就是见识。见识就要靠两条腿，多走多看多想。

（1）多下一线市场。对于创业者来说，要想多见识，首先就要下一线市场，要始终相信，一线有神灵。多下一线市场，就能在一个系统的能量场里感知：我们存在哪些问题，有哪些突破的机会，竞争对手有哪些值得学习和超越的？不下一线市场，无异于闭门造车。这些年的经验告诉我，越接近一线市场，灵感越能迸发。

所有战略都依靠战术的落地，而战术的细节性创新，又会反过来影响战略的重新规划，即使涉及国家战略层面的创新和改变也是同样的逻辑。比如，改革开放的小岗村实行的包干到户，这种创新就来自一线。写出《定位》的里斯和特劳特在《营销革命》一书中明确提出：战术决定战略，战略推动战术。

这里讲一个小故事：

推广梁大侠时，我们发现自己的琥珀瓶很受欢迎。有一次我去做一线市场调研，在一个边远县城的夜宵摊上，看到一个女孩用手机手电筒的光打在我们那个300毫升的瓶底上，散发出特别漂亮的光，边上几个小伙伴抢着拍照发朋友圈分享。我感觉非常兴奋，立刻意识到，这不是简单的创新或简单的营销推广，可以上升到产品战略上。

于是，我直接把这款产品命名为“发光瓶”，联系深圳的灯饰品厂家，在瓶底量身定做发光装置，从整个供应链的体系进行优化。消费者买到梁大侠“发光瓶”，第一时间就可以感受到发光效果，并将发光瓶的诉求从物理发光升华到了情感上的发光。

我们还写了一句广告语：梁大侠发光瓶，点亮你心中的江湖！结果，这款产品一上市，就取得了不错的反馈，成了梁大侠长期打造的战略核心产品。

（2）多到优秀市场考察。其实，就是到相关行业的样板市场去学习和发现。我记得刚参加工作那几年，我经常去广东、江苏、山东等地，学习当地强势品牌对于当地市场的精耕细作，从中发现规律和增长逻辑。不同的市场定位，决定了不同的打法组合。营销战常用的几种打法，如进攻战、防御战、侧翼战、游击战等，都有其对应的作战背景、作战条件和作战原则。走进各行各业的优秀市场，甚至包括失败的案例，去分析探究一线的经验和教训，有助于我们实施营销战略战术。

（3）多去国外市场学习。这一点，我相信不需要做过多赘述。过去20多年，互联网行业的蓬勃发展，基本上都借鉴了美国公司的模式，然后在这个基础上做了适当创新。无论是早期的门户、社交、电商，还是后期的移动互联网的蓬勃兴起，国内的创业者都在力求与华尔街的趋势同频共振。从国外借鉴先进模式，在本土市场实行降维攻击，是不变的套路。

有句话叫“他山之石，可以攻玉”，说的就是这个道理，“拿来主义”也就成了互联网提升认知的最有效手段。

当然，多到国外看看，对于消费品行业甚至包括各行各业都会有不少启发和帮助。比如，管理上的经验、设计上的创新、消费形态的变化等。此外，现在东南亚、非洲等市场，以及不少相当于改革开放之初的国内市场，都孕育着大量的爆发性机会。中国企业借鉴改革开放的先进经验，在这些市场都取得了不俗的成绩。这种突破，从本质上来说，就是认知的突破。

3. 多实践

创业者首先必须是个实干家，因为实践是检验真理的唯一标准。认知与实践的关系，王阳明用一句话做了生动诠释：知之真切笃实处即是行，行之明觉精察处即是知。那么，如何实践才能更有助于提升认知呢？我总结了“三个注重”，分别是注重创新、注重闭环、注重结果。

（1）注重创新。口口声声地讲要实践，但总是千篇一律地做着同样的事情，这样的实践到底有什么意义？这个极其简单的机械认知，会将我们牢牢锁定在固有的认知频道上。

爱因斯坦有句名言："如果我们每天做着和昨天重复的事情，却又期待明天和今天有所不同，还有比这更愚蠢的吗？"人的惰性主要来自思想上的懒惰，要克服这个问题，只能依靠创新。

从企业经营的角度上来说，提到创新，绝对绕不过熊彼特的创新理论。熊彼特认为，所谓创新就是要"建立一种新的生产函数"，即"生产要素的重新组合"。就是要把一种从来没有的关于生产要素和生产条件的"新组合"引入生产体系中，对生产要素或生产条件进行新组合。

作为企业灵魂的企业家的职能，就是实现创新，引进"新组合"。对此，熊彼特进一步明确指出了关于创新的五种情况：

a. 采用一种新产品，也就是消费者还不熟悉的产品，或产品的一种新特性。

b. 采用一种新的生产方法，也就是在有关制造部门中尚未通过经验检定的方法。该方法不仅建立在科学新发现的基础上，还可以存在于商业上处理产品的新方式中。

c. 开辟一个新的市场，不管该市场以前是否存在过。

d. 掠取或控制原材料或半制成品的一种新的供应来源，不管这种来源是已经存在的，还是第一次创造出来的。

e. 实现一种工业的新的组织，比如，造成一种垄断地位，或打破一种垄断地位。

后来，人们将他的这一段话归纳为五个创新，依次对应产品创新、技术创新、市场创新、资源配置创新、组织创新。在创业的过程中，就要灵活运用好这五个创新组合。[①]

（2）注重闭环。在管理学上，闭环理论有一个著名的“PDCA 循环”，就是将管理分为四个阶段：计划（Plan）、执行（Do）、检查（Check）、行动（Act）。这四个过程不是运行一次就结束，而是周而复始地执行和推进。形成闭环的实践能够不断暴露出执行过程中存在的问题，发现问题，解决问题，不断优化，实现认知的迭代升级。闭环思维被人所称道的一句评价是：“事事有着落，件件有回音。”通过闭环思维的反复声音，就能聆听到本质的声音、真相的声音，引领我们跃升到更高的认知层次。

（3）注重结果。牛顿说过：“胜利者往往是从坚持最后 5 分钟的时间中得来成功。”借用这句名言，改一个词，就是胜利者往往都是从最后的 5 分钟坚持中得到真相。实践出真知，真相乍现的瞬间，往往都在最后结果呈现的时刻。在实践过程中，不注重结果，只问耕耘，不问收获，只能白白徒劳一场。只开花，不结果，会导致认知的枯萎。只有注重创新、注重闭环、注重结果的实践，才是有效的实践，才能不断提升我们的认知。

4. 多总结

提到总结，又不得不提毛主席的一句经典名言，他说：“我是靠总结经验吃饭的。”这句话对总结的重要性一览无余。认知就是在不断的总结中，反复凝练和升华。

具体来说，可以分为三方面的总结：首先是总结教训；其次是总结经验；最后是总结规律。（见图 2–2）这三方面都是最值得总结的，也是最有效转化为认知的。

---

① 〔美〕熊彼特：《经济发展理论》。

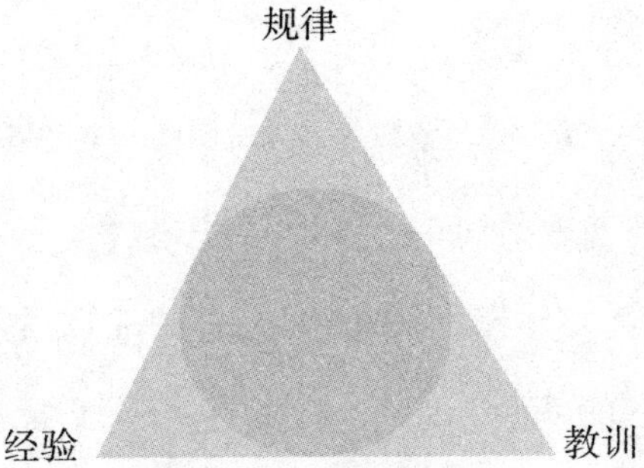

图 2-2 总结的三方面

（1）总结教训。什么叫教训？教训可以告诉我们为什么会失败、失败的根源是什么，教训会引导我们一次次接近事物发展的本质。俄罗斯有一句谚语："聪明的人绝不会两次被同一块石头绊倒。"孔子有弟子三千，最喜欢的人是颜回，他评价颜回时用了这 6 个字："不迁怒，不贰过。"

任何人都不可能不犯错误，但同样的错误，犯第二次，甚至更多次，就是认知上的缺陷，就要抽丝剥茧，痛定思痛，找出问题到底出在什么地方，下次有什么办法可以规避。

众所周知，虽然人不可能同时踏进同一条河流，却容易陷入同一种错误，这是由人的思维惯性决定的。总结教训，最重要的就是总结人性。因为人性只有固定的几种，在我们的大脑结构中已经有几万年的基因遗传。马克思说过："人既然是由动物进化而来的，就不可避免地摆脱不了动物性。"[①]

在"苦于磨砺心性"的章节中提到的"创业人性七宗罪"，多数教训其实都是因此而起，都是这七方面的人性在具体工作过程中经过意识产生行为引发的结果。比如，"贪功冒进"这四个字，让多少创业者折戟沉沙，

① 《马恩选集》第三卷，140 页。

这样惨痛的商业案例不胜枚举。

所谓“前车之覆，后车之鉴”，这里还要特别强调的是，自己亲手造成的教训更加深刻。道理很简单，没有切肤之痛，何来椎心之悟？赵括熟读兵法，成为名将后，不可能不去研究经典的战败案例，却在长平之战中变守为攻，中了白起的圈套，结果 40 多万赵军被坑杀。这一战也成为战国历史的最后转折，秦国统一就只剩下时间的问题。“纸上得来终觉浅，绝知此事要躬行。”创业者一定要敢于试错，勇于犯错，但又绝不贰过，不断总结的教训价值千金。

（2）总结经验。塞西尔有句金句：“一克的经验抵得上一吨的理论。”**经验是成功的缩影和结晶，总结经验的关键就是要以小见大，从小细节中窥见大道理。**复盘成功的经验，往往需要经历以下三个关键步骤：a. 不断细分，分清楚客观和主观的要素；b. 不断细分，分清楚主要和次要的要素；c. 由外及内、由浅入深地列出关键要素，形成关键经验。

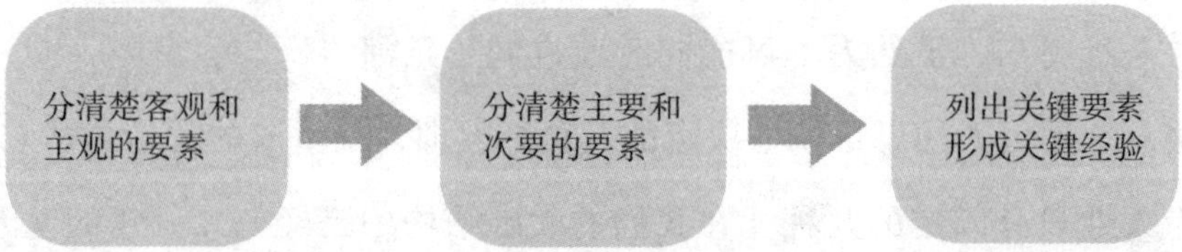

图 2–3 复盘的关键步骤

比如，某款产品在市场上取得了良好的销售业绩，就可以复盘一下，市场突破的主要经验有哪些？多数人可能只会泛泛而谈，比如，团队执行力强、产品竞争力强、广告宣传到位等，无法形成关键的经验进行复制和分享，必须针对具体的落地的执行动作。比如，团队的激励方案、具体的铺货方案和动销方案、具体时间点的把控等。

经验的总结要遵循三个原则：具体的、内部可复制的、竞争对手短

期内很难模仿。这样的经验才是有价值的，才能不断拓展认知的边界。好的经验，看得见魔鬼的细节，闻得到硝烟的味道，听得到人性深处的呼喊。

（3）总结规律。中华民族是世界上最会总结规律的民族，为什么这么说呢？这就要从一本奇书说起，那就是《周易》。《周易》是儒家圣典，六经之首，是中国传统思想文化中自然哲学与人文实践的理论根源，是古代汉民族思想、智慧的结晶，被誉为“大道之源”。其内容极其丰富，对中国几千年来的政治、经济、文化等各个领域都产生了极其深刻的影响。

《周易》六十四卦的排列，有着内在的根据。按照古人说法，这种排列反映了世界产生、发展、变化的过程。以乾坤为首，象征着世界万物开始于天地阴阳。乾为阳，为天；坤为阴，为地。辩证法思想正是萌芽于《易经》，后期体系建立于老子思想。可以说，老子就是通过《周易》由万事万物的对反现象寻找出它们之间发展规律的，从而建立了中国哲学史上第一个系统性的辩证法。

中国历史上有关规律的名言警句更是灿若星辰，比如，“万物必有盛衰，万事必有弛张”，出自《韩非子·解老》，指的是万事万物都会有盛衰，万事也都会有弛张，一切事物都有其自身的规律。再如，“人法地，地法天，天法道，道法自然”出自《道德经》，是说人类根据大地的特点和规律而劳作，地上万物根据天时变化而生息，天象根据道的规律而变化，道是在事物发展过程中自然而然地产生出来的；事物之间相互联系、相互影响、相辅相成、相生相克。

对于创业者来说，不仅要运用好普遍存在的客观规律，还要不断总结特定工作项目运行的特定规律。比如，要开发一款有竞争力的产品，也有特定的经济规律、行业规律和市场规律。要结合起来看，确保自己的产品不仅符合当下社会经济的运行规律，还要符合行业目前的发展规律，同时也符合目标市场的基本的需求规律。这些规律都需要在不断的摸索和实践中总结出来。

当下新消费主义盛行，基于对社会目前发展阶段的消费规律的洞察，我们在产品开发上总结出一条规律，叫“三高一平”，就是高品质、高颜值、高情怀，再加上平民价格。每个创业者在内心深处都要对规律心存巨大的敬畏，因为规律即天道，要顺应规律，切不可逆天而行。

规律具有必然性、普遍性、客观性和永恒性，唯有“事上练”、切己体察，才能不断归纳、总结、领悟和运用好这些规律，知行合一，不断提升认知。要始终相信，唯有得天道，方能开天眼，才能更好地走天下。

◎案例

苹果创始人乔布斯

在“苦于提升认知”这一点上，最具代表性的人物就是苹果的创始人乔布斯。有人说，乔布斯带领的苹果创造并引领了整个移动互联网的浪潮，这一点毋庸置疑。

记得大约在2009年的时候，我买了第一台iPhone。那时我刚毕业两年，同事圈里大家都在讨论的是“谁使用的是更高配置的诺基亚”。当时，我们领导用的就是诺基亚N95。购买了第一台iPhone3后，获得的体验完全颠覆了我的体验感，我真没有想到会有这么好用的手机，直接让我提高了工作效率，每个APP都是清晰独立的，用户界面的设计感和体验无与伦比。接着，我购买了苹果的笔记本电脑，成了身边朋友的消费口碑传播者，只用了短短一年的时间，全集团几乎都将诺基亚手机换成了苹果手机。我记得当时诺基亚还牢牢占据着40%多的市场占有率，iPhone4出来后，基本就预示着诺基亚的覆灭。这简直就是商业历史上一次伟大的“降维打击”，用高维认知一下子就击碎了低维认知。

乔布斯的认知，不仅仅让苹果称霸全球，还改变了人类历史的走向。乔布斯的成功，就是认知的成功。乔布斯为何拥有如此高维度的认知？具体原因，我们可以他的学习成长、创业历程来一一对照。

2011年，也就是乔布斯去世的那一年，他授权出版了官方传记《史蒂夫 · 乔布斯传》，总结了他认知飞跃的关键性要素：

1. 对禅宗的极度推崇

17岁时乔布斯进入里德学院，开始接触禅宗。当时，美国“新时代运动”正从欧美扩展到世界各地，形成了风靡全球的反叛现代性的文化寻根大潮。这股风潮从最初的嬉皮士运动演变而来，最终变为对抗物质主义的复归东方思想和原始宗教的精神觉醒运动——以“灵性”“治疗”“整合”等观念为依托，试图在传统信仰外重新找回人类与宇宙自然的精神和谐状态。

追求自我意识的乔布斯积极响应了这股风潮。他认识了一帮喜欢佛教禅宗的朋友，吃免费素食，去图书馆阅读禅宗书籍，包括《禅者的初心》《一个瑜伽行者的自传》《宇宙的意识》《突破精神唯物主义》等。乔布斯对佛教禅宗的信奉，并不是年轻人的一时冲动。禅宗不看重经文，不讲究繁文缛节，不提倡烦琐思辨，讲究发自内心的顿悟。这种思维方式正合乔布斯的心性，并在他的性格中生根发芽。“我开始意识到，基于直觉的理解和意识，比抽象思维和逻辑分析更为重要。”遵从内心的想法，这个信条贯穿着乔布斯的一生。

《禅者的初心》说：“做任何事，其实都是在展示我们内心的天性。这是我们存在的唯一目的。”倾听内心的声音，大学期间乔布斯听了自己感兴趣的课程，例如英文书法课。他后来说：“如果我在大学里没有旁听过英文书法课，Mac 电脑就不会有那么多漂亮的、比例匀称的字体。”

其实，禅宗的思想与王阳明的知行合一、致良知的思想都是融会贯通的，就是听从自己内心最真实的声音。内心平静如镜，就能迅速看清问题的本质，达到“无物不照”的境界，这就是哲学的力量。哲学是认识论、方法论和实践论的统一。正是因为乔布斯具有如此高的哲学修养，内心连着宇宙，才能以超凡的视野来推动商业文明的进化。

2. 对人性的深刻洞察

这一点主要体现在产品的极致体验上，这对其他科技产品造成了巨大的杀伤力。

人性中的懒惰、虚荣、炫耀、好奇等都被苹果营销运用自如，举三个简单的例子来说明。

（1）苹果手机的触摸屏，比键盘按键要好用多少？盯住一个大痛点，聚集最大的资源进行突破，依靠科技的力量，满足最基本的人性特点，触摸屏一下子就甩了竞品多少条街呢？

（2）苹果的闭环系统。苹果的一大核心竞争优势就是闭环，这也是它没有像安卓一样开放的原因所在。通过 iTunes、iCloud、App Store、Apple ID 等形成高效的闭环系统，既方便，也好用。尽管后来随着华为的崛起，国产智能手机也取得很大的突破，但在乔布斯引领苹果的时代，极简主义和完美主义确实让消费者欲罢不能，圈粉无数。

（3）苹果文件的导航指示标。红、黄、绿三个标其实跟红绿灯的设计一样，红色代表关闭，黄色代表隐藏，绿色代表打开放大。尊重了常识，同样可以在苹果的很多细节中总结规律，体验人性之光。

3. 对创新的不懈追求

从 2007 年 6 月在美国发布第一代 iPhone 开始，几乎每年苹果都要召开发布会，代表一次新的技术改进，这就体现了苹果对创新的不懈追求。当然，从乔布斯创立苹果的那一天开始，创新之魂就从未消散，反而凝聚成一个又一个商业奇迹。比如，在 MP3 普遍只能储存 10 首歌的时候，推出了高储存的 iPod，实现了“One thousand music in your pocket”；再如，他第一个在 pc 上加入多字体等，而一个 iPhone 上承载着包括多点触控等上千项专利。

生活中并不缺少美，而且缺少发现美的眼睛。万事万物都存在一定的关联性，乔布斯用这种极具辩证的哲学观去推动一切层面的创新，天才地把哲学、人性、科技、设计等融为一体，最后凝聚在产品上，给用户带来极具震撼的非凡体验。这也是乔布斯认知高度和心性温度的和谐共生，也是他永载人类史册的荣耀之光。

苦于精进技能

如果说“苦于磨砺心性”是塑造自己的人格力量，培养自己的人格担当，像王阳明一样“致良知”、像稻盛和夫一样“敬天爱人”，像今天的人民公仆一样“为人民服务”，从而建立“理想主义”的超凡格局；如果说“苦于提升认知”是扩充自己的思维结构，看清事物的辩证逻辑和演变规律，找出万事万物发展的必然本质和关联，从而建立“长期主义”的超凡视野……那么，**“苦于精进技能”就是通过在长时间的如切如磋、如琢如磨中熟能生巧，形成和掌握解决问题的一系列的原则标准、技巧和方法，建立“专业主义”的超凡技能。**

这“三大苦”，不仅对应的是心、脑、手，也相应对照了一个真正的创业者必须建立的三大信仰：理想主义、长期主义和专业主义。

一、为什么要“苦于精进技能”

万般带不走，唯有业随身。身上有一技之长，是个人的安身立命之本。很多人正是因为对精进技能缺少认识，才没有走上专业主义的道路的。在我看来，精进技能有三大核心作用，分别是提升效率、强化复制、减少浪费。

1. 大幅提升效率

效率为什么那么重要？周星驰的电影《功夫》里面有句经典台词：“天下武功，唯快不破。”像大侠一样创业，最终拼的还是真手艺和真功夫。这些年的工作和创业经历，让我感受到精湛与粗糙之间的差别可能不是几倍，也不是几何量级的差别，而是无穷大。

在创业初期的一次技能培训上，梁大侠曾发出过一个调查和结论：在全北京最繁华的国贸地铁站的任意一节车厢里，可能找不出几个能完整写出一个关于其本职工作的执行方案的人。这绝不是危言耸听！想想看，有多少“北漂”是靠一门手艺行走江湖的？有多少人是一知半解混迹江湖、随波逐流的？

以市场经理这个岗位为例。一个优秀的市场经理，要具备的核心技能包括品牌年度发展战略制定与推进、品牌定位、品牌定位之后的一些创意广告表现、营销活动的方案策划及推进、产品线规划与新产品开发上市等。这里，我也只是列举了几方面。这些年我接触了大量的从业人员，不管是企业方的，还是广告公司的，平心而论，基本上很少有人能顺利打通这些关键性环节；专业都停留在表面和肤浅的层面，没有宏观框架和微观洞察。

提到效率，应该拆开来说，就是“效果”加“速率”，既要看速度，还要看结果。毫不夸张地说，几乎所有的创业公司都死在低效率上。尤其是在碎片化加剧的今天，如果创业者不能解决效率的问题，就不要去创业，不要问为什么，要多问自己凭什么。你的效率凭什么比别人高？你凭什么能找到高效率的员工？你凭什么能够打造高效率的团队？有句话讲得好：“冰冻三尺，非一日之寒。”工作技能的打磨需要时间、眼光和巨大的投入，从前面的章节大家也能感受到一点，其实就是磨砺心性、提升认知和精进技能。这些本就是一脉相承的统一，正如一门绝世武功首先来自一门绝世心法。

在平庸的工作环境中待久了，习惯了，可能就无法感受到人外有人、天外有天的那种足以发出惊叹和尖叫的高效率。然而，这种长时间打磨出来的技能，对效率的大幅提升又确实客观存在。就像倚天剑和屠龙刀一样，江湖上有多少人得见其真颜？但只要它们一出现，就少有能与之争锋。

2. 大幅强化复制

关于这点，最能体现技能和复制之间的紧密联系，莫过于中国古代的四大发明之一：印刷术。

雕版印刷术发明于唐朝，并在唐朝中后期普遍使用。在宋仁宗时期，平民出身的手艺人毕昇，用胶泥制字发明了活字印刷术，从而标志着活字印刷术的诞生。他是世界上第一个发明人，比德国铅活字印刷术早约400年。

印刷术是人类近代文明的先导，为知识的广泛传播、交流创造了条件。一个手工匠人的技能直接带动了知识的大量复制和推广，这是人类文明史上的光辉篇章。

众所周知，创业最关键的是打造样板，打个比方，就好比现代工业制造“开模具”。毫无疑问，一个成功的模具包括了做成这件事情所蕴含的所有的规律、经验和教训。模具一旦打造成功，接下来就要大批量复制了。因此，很多创业公司在成长的过程中都特别倡导这个理念，那就是：“十年做成一件事，然后一年做成十件事。”

模具之所以能够大批量复制生产，被称为“工业之母”，是由于其三个特点决定的：标准化、精细度和原理性。反过来推断说，要承担起模具的作用，就必须具备这三个条件。而要实现这三个条件，又非巧夺天工的技能不能为之。

为什么我们的工作始终不能在经过一段时间的积累后实现指数级的突破？主要原因就是，手上没有模具和样板。说到底，就是功力水平还不到家。所以，创业公司的头等大事，就是开模具和造样板。磨砺心性和提升认知，主要解决的是良知和认知的问题。但如果技能不熟练，也是白搭；而技能只能通过反复实践、反复总结来精进和提升，最终达成心、脑、手的统一。如此，才能顺利地把事做成，还能形成明明白白的指导思想和指导方针、清清楚楚的行动指南和操作手册，带动创业公司从前期的线性增长迈向指数级增长。

3. 减少一切浪费

众所周知，创业公司前期的资源都非常有限。一旦出现不可遏制或无可挽回、无法改变的浪费，公司账户里的资源就会一天天被侵蚀，直至宣告破产。

为什么在创业这个领域总会出现一幕幕“家破人亡”的人间惨剧？大部分人都会归咎于这一声叹息：“时也！命也！”其实说到底，除了前面讲的心性的问题、认知的问题，落脚点还是技能的问题。“没有金刚钻，不揽瓷器活”，这句话的道理再朴素不过。

我有个做白酒的朋友，是一个知识付费的深度用户，每次聚会，他都会对各种趋势和认知秉承拿来主义的作风，让大家刮目相看。每到年底，他总会怀揣着自己的创业梦，忙着赶赴大咖们的演讲现场，回来再跟大家高谈阔论。这几年新消费品牌兴起，他终于按捺不住走上了创业之路。

记得当时他向我征求意见时，我明确表示反对。我反对的关键点，就是认为他在打造品牌，不具备开发产品的实战技能。简言之，如果无法做出一款让人眼前一亮的产品，凭什么去赢得市场？产能极其过剩的时代，不具备打造极致产品的匠人思维和匠人技法，根本行不通。

结果呢？他豪情万丈，听不进劝告，拿出之前做职业经理人攒下的一点儿家底包括一套房产，准备风风火火大干一场。结果，产品一上市，屡出质量问题，不是盖子与瓶子的严丝合缝问题，就是瓶标印刷变色，就连酒质的稳定性也难保证，结果就只能泯然于众人！

其实，很多创业者都犯过同样的错误，心比天高，手比铁钝，指点江山可以，拿笔写字就不行了。因为虚荣和侥幸，稍微遇到点儿挫折，就是满满的恐惧感。这个朋友创业最终失败。我们关系不错，后来在他的创业复盘会上，我毫不留情，说了很多逆耳之言，后来我还特别补充了关于浪费的问题。

我说，他浪费的不是这些年辛辛苦苦攒下的积蓄，而是 3 年宝贵的时间。浪费分有形浪费和无形浪费，创业者必须具备在某个领域极强的专业技能，有匠人精神、匠人的本事，才能创业。仅了解多少知识，不叫知行合一。想得到，还能做得成，还能做得比别人好，才是真本事。

二、如何有效地持续精进技能

精进技能有助于提高工作效率，强化复制推广，迎接指数级增长，还能大幅减少工作过程中的浪费，包括有形的和无形的浪费。中国历来就是一个特别讲究手艺的民族，而历史上各行各业的能工巧匠可以说是灿若星辰。包括中国作为文明古国的四大发明——火药、指南针、印刷术、造纸术，其实都是技术发明，代表了技术的领先。

我们经常用到的一些成语，比如，巧夺天工、鬼斧神工、出神入化、游刃有余、妙手回春、登峰造极等；还有一些诗句，比如，“人间巧艺夺天工，炼药燃灯清昼同”“妙手写徽真，水剪双眸点绛唇”，以及杜甫描写李白写诗技艺的“笔落惊风雨，诗成泣鬼神”等。

今日今时，经济环境瞬息万变，创业者都深知专业技能的竞争力，那么到底如何有效地持续精进技能呢？我把核心的方法总结为“四化建设”，即知识结构化、技能模块化、标准原则化、结果彻底化。（见图 2–4）

图 2–4 持续精进技能的“四化”

1. 知识结构化

比如，从事品牌管理工作的人，知识结构就要细化到心理学、营销学、广告学等。作为一个品牌创始人，这个要求就更高了。根据这些年的工作体悟，我认为，品牌创始人的知识结构包括六大基础学科和四大应用学科。六大基础学科包括物理学、数学、生命科学、心理学、历史学、哲学，四大应用学科则包括财务学、传播学、营销学和管理学。

当然，并不是每一门都要精通，但必须精通里面相关的知识点，形成自己的知识结构，结构越牢固、越成体系，认知就越清晰、越系统，越能一眼看透本质，决策就越接近真相。知识无法形成结构，分析问题和看待问题，就会盲人摸象，一顿瞎搞。

这些年，很多新品牌和新产品一出来都足够惊艳，最终却都如流星骤逝，这是什么原因呢？比如，创始人对人性的把握不够透彻，产品定价过高；创始人的哲学修为不够，对流行过于追逐，心中没有“定盘星”，品牌内涵不够，认知过于肤浅，消费者容易产生审美疲劳；创始人严重缺少财务相关知识，对成本、税收等把控不足，公司因财务问题而停滞。

可见，知识的结构要牢固而丰盛。如同一棵参天大树，除了强壮的树干、树枝，还有树叶、花朵和果实，才能不用担心“一叶遮目，不见泰山”，拥有非凡的大局观和洞见力。

2. 技能模块化

这个容易理解。以销售经理这个岗位为例，就是如何招商、如何打造终端、如何做好消费者拉动、如何做好品牌传播等。以设计师这个岗位为例，就是如何做好产品拍摄、如何做好场景搭建、如何做好海报设计、如何做好物料开发，等等。

技能模块化，首先，要对创业项目涉及的所有工作技能，做一个系统分类。比如，初创公司可以每3年就对核心技能做一个升级和迭代。我们公司在创立初期，我提出了“九大核心岗位36项关键技能”，然后围绕“36项关键技能”下日日不断之功，下滴水穿石之功，要求同事反复打磨，开展技能大赛，评出技能冠军。不仅对同事的辛勤付出增加了奖励，也强化了大家在各自专业技能领域的精耕细作。

比如，在我们内部有一个说法，即销售是枪杆子，品牌是笔杆子。要想取得胜利，枪杆子和笔杆子都要硬！为了提高大家写宣传文章的能力，我们特别策划了一个“金笔计划”。围绕该核心技能模块，日日总结、月月精进，反复打磨，写作方面都有了质的飞跃和突破。

技能模块化，就像画一个九宫格一样，把这个技能包一一填满，各技能之间合纵连横，具体工作才能得心应手。

3. 标准原则化

多数人对于“什么东西好，什么东西不好”，完全靠想当然，靠非常浅显的一点儿感觉，没有系统的标准。

工作之初，有几本书对我影响非常深。

比如,《影响力》清晰地告诉我们如何通过六大原则产生影响力。如今只要闭上眼睛，我也能将这六个原则倒背如流，烂熟于心。这六大原则分别是喜好原则、社会认同原则、承诺与一致原则、稀缺原则、权威原则和互惠互利的原则。

比如,《好创意的黏性》清晰告诉我们，好创意的六大标准是简洁明了、出人意料、具体细节、真实可信、引发情绪和故事性强。这些都是心理学、传播学里很重要的常识部分，心里没有形成原则的标准，怎么可能把事做漂亮?

这就是《高效人士七个习惯》中讲到的一个重要习惯：以终为始，终局思维，逆向思考，把事做好。只要不断实践，不断总结，然后总结为具体的标准原则，核心技能就能发生质的突破和飞跃。

4. 结果彻底化

个人的成长，其核心在于能不能做成一件事；团队的成长，核心在于能不能做透一个模式。在公司内部，我经常和大家分享一个观点：工作也有高潮，只不过是心灵的高潮；如果长期做事没有结果，没有达到高潮，这个人基本上就会萎靡不振，没了精气神。如果暂时没有能力烧开一壶水，就先让一滴水沸腾起来，因为彻底地达成一个结果比什么都重要。

最近这些年，几乎每个企业都在强调“结果”的重要性，但是有些人走偏了，只问结果，不问实现结果的过程。我们这里所讲的“结果彻底化”，恰恰特别重视执行过程，重视执行过程中核心技能的运用，以及达成结果后核心技能的提升。

技能和结果是呈螺旋式上升的趋势，这也符合唯物主义辩证法的思维。在某一个阶段，把某个工作项目做得彻彻底底，整得明明白白，每一小步，都是磨砺心性、提升认知、精进技能的一大步。

专业人才，就要靠手艺吃饭。手艺好不好，关键要看“四化建设”是否抓得好。

◎案例

关于精进技能的两个故事

1. 庄子《庖丁解牛》的故事

大思想家庄子《庖丁解牛》里面蕴含着更大的道，对于创业者的启发应该会更大一些。因为战略就好比一把解牛刀，只要拥有这把“解牛刀”，就能在创业的路上游刃有余地应对各种问题，所以这个故事也是对心性、认知和技能三者合一的最好的诠释。我们不妨节选这一段重新学习一下：

> 庖丁为文惠君解牛，手之所触，肩之所倚，足之所履，膝之所踦，砉然向然，奏刀騞然，莫不中音。合于《桑林》之舞，乃中《经首》之会。
>
> 文惠君曰：“嘻，善哉！技盖至此乎？”
>
> 庖丁释刀对曰：“臣之所好者，道也，进乎技矣。始臣之解牛之时，所见无非牛者。三年之后，未尝见全牛也。方今之时，臣以神遇而不以目视，官知止而神欲行。依乎天理，批大郤，导大

窾，因其固然，技经肯綮之未尝，而况大軱乎！良庖岁更刀，割也；族庖月更刀，折也。今臣之刀十九年矣，所解数千牛矣，而刀刃若新发于硎。彼节者有间，而刀刃者无厚；以无厚入有间，恢恢乎其于游刃必有余地矣，是以十九年而刀刃若新发于硎。虽然，每至于族，吾见其难为，怵然为戒，视为止，行为迟。动刀甚微，謋然已解，如土委地。提刀而立，为之四顾，为之踌躇满志，善刀而藏之。"

整个故事非常精彩，里面有不少名言警句，其中最打动我的有三句话。

第一句话："臣之所好者，道也，进乎技矣。"这说明技能的精进绝对不是独立存在的，专业的养成依赖于哲学思想、价值观的建立，这也是中国人特别强调的道、法、术和器。其实，对应现代管理的概念分别就是心性、认知、技能和工具。因为发心纯正，良知光明，志向远大，找到了使命感和意义感。然后通过积累大幅提升思考的效率，看清本质、发现规律、顺势而为，所以在技能上才会炉火纯青，游刃有余。

第二句话："方今之时，臣以神遇而不以目视。"技能精进到一定阶段的时候，能够触发更多的直觉和灵感，如有神助一般。我们平常提到五大感官——目、耳、鼻、舌和身，其实还有一个重要的就是"意"，只可意会，不可言传。这是人类感官的特有升华，是内心澄澈的超然状态。我们经常骂人说"麻木不仁"，其实就是说这个人的感知力太弱。

第三句话："提刀而立，为之四顾，为之踌躇满志。"那种悠然自得、神情自若的形象跃然于纸上，完全是一个武功盖世的侠客英雄的形象。天行健，君子以自强不息；地势坤，君子以厚德载物。我想，这应该是每一个创业者孜孜以求的状态。

2. 我大学毕业前5年的技能养成

在这5年的时间，我在一个上万人的民营500强公司，由一个农村出身的大学毕业生连升5级，工资翻了20倍，28岁就担任了国内一线品牌的全国市场总监、全集团最年轻的高管。之所以能取得如此成绩，关键在于技能的大幅提升。下面，就来讲讲我是如何通过“四化建设”精进技能的。

我毕业于2005年7月，前期是基层销售人员，后来轮岗做了一段时间后勤销售管理和行政工作。2006年4月，我被提拔为集团下属一个收购不久的区域白酒品牌的品牌经理。说实在的，在做品牌经理之前，我就是一张白纸，什么都不懂。公司大胆用人，给了年轻人更多的发展机会。但有一点必须说明，我当时不知道哪儿来的劲，超级自信。现在回想起来，跟自己的大志向有着密切关系。

从2006年到2010年的4年间，我对市场总监的核心技能的锻造，大约可以分为两个阶段：前两年是锻造区域品牌经理；后两年是锻造全国市场总监。具体到知识结构和核心技能模块上，这两个岗位几乎都一致。关键还在于认知的升级和格局的升维。我当时所在的部门是集团的市场中心，横向之间也有不少品牌交流，有全国性品牌，也有地方性品牌。

我花费了3个月左右的时间摸索整理和归纳，在领导的启发下，总结了优秀品牌经理必须具备的六项核心技能：

（1）年度营销战略规划的制订和推进；

（2）品牌产品线规划、核心产品打造及新产品研发和上市推进；

（3）核心战略市场的打造计划与执行推进；

（4）主题营销活动的策划与执行推进；

（5）年度品牌公关活动的策划与执行、年度广告媒介方案制订与执行；

（6）品牌创意呈现，平面和TVC等广告的策划、创意和制作。

我记得，当时自己正在阅读稻盛和夫的书，于是就引用了一个概念，把这六项技能称为品牌经理的“六项精进”。现在回头来看，技能模块化得清晰，对接下来的知识结构化也非常关键。也就是说，如果要掌握六项技能，自己的核心知识点应该在哪里？当时，我列举了营销学、品牌学、心理学、广告学、战略管理学等。也就是在那个时候，我开始深读菲利普·科特勒的营销学、凯文·凯勒的战略品牌管理、彼得·德鲁克的管理学、迈克·波特的竞争论、特劳特和里斯的定位论、奥格威的广告学、认知心理学和消费行为学等。抓住这些关键知识点，在最初的两年时间里，如饥似渴地吸收着知识，大段大段地记笔记和梳理结构。这样基本上就完成“四化建设”中的前两个，即知识结构化和技能模块化。

在实践的过程中，我从自己创意的第一张主平面、撰写的第一条广告语开始，到参与设计第一款产品，以及接下来参与打样、封样、生产的整个过程，反复纠错，不断总结。为了研究一张好的平面广告，不管是在飞机上，还是地铁站和火车站，都会随手拍一些好看的广告，然后对其共性和个性进行分析。比如，设计什么字体好看、怎样排版好看等，逐步整理了一套自己的认知标准，并用书上现成的或自己提炼整理了一些原则。有了这些标准和原则，大幅提高了自己与部门的沟通效率，工作的效能也得到大幅提高。

除了标准原则化，接下来就是结果彻底化。刚开始，很多工作都会做得没头没尾，也不容易聚焦，成就感也不够。但本着长期读曾国藩的“咬掉牙，和血吞”的精神，我死磕到底，想要得到自己理想的结果。

记得在当时一个年度内部分享会议上，我作为集团优秀员工代表发言，只说了一句话：**做成一个项目比做完十个项目重要得多！做完与做成之间，决定着一个人的命运，做完与做透之间决定着一个团队的命运！**以这“四化建设”为支撑，我在区域品牌经理往全国市场总监核心技能的打造上，呈现螺旋式上升。

刚开始，麻雀虽小，五脏俱全；后来立足全国，不断磨砺心性、提升认知，同时不断反哺核心技能的精进。所以，担任全国性大品牌的市场总监后，能够快速接手，实现突破创新。也就是那几年，专业主义的思想在我内心生根发芽，根深蒂固。2013 年，我被评选为“中国十大品牌职业经理人”；2015 年，获得中国广告长城奖金奖等多项殊荣。这些都是对我作为品牌管理人员核心技能的一种肯定。

正是因为在职业初期打下了专业技能的底子，使得我后来出来创业后，凭过硬的产品和有效的营销实现了突围。所以我一直相信，如果人生是“三岁看到老”，工作就是“三年看到老”。**工作前三年培养的基础技能，是决定自己未来是否专业的关键。因为技能是不能单独分割的，与心性和认知紧密相连。专业技能不够，根本就谈不上核心竞争力。所谓的资源和关系其实都靠不住，一旦遇到什么风吹草动，会对自己造成**

巨大影响。

记住老祖宗的这句话：万般带不走，唯有业随身！

一个中心思想

这个中心思想就是：知行合一。

到底何为大侠？侠文化的本质是什么？在中国历史上，侠文化有着特殊的地位，发挥着举足轻重的作用。其特殊性主要体现为，侠是一种难以定义的东西，任何人在任何时候的“路见不平一声吼”的行动都可以称之为“侠”。说侠文化具有举足轻重的地位也并非妄言。侠文化伴随着中华文明久经风雨，也是中华传统文化的一部分。把侠简单地定义成武侠，太过局限。

侠的本质就是知行合一，就是良知与行为的高度一致。以“路见不平一声吼”为例，试问有几人可以做到呢？孟子认为“人有四端”，这是人生来就有的初心，具体是指恻隐之心、羞恶之心、辞让之心、是非之心。这就告诉我们，大家的良知本身都是光明的，但后天形成的私欲越来越重，遮蔽了良知，使得人们都为了满足自己的私欲而做事。人性中自私、贪婪、恐惧、虚荣、侥幸、嫉妒、傲慢等被放大，继而主宰个人的行为。

在前文，我将这些归纳为“创业人性七宗罪”。知行合一地去创业，像大侠一样地洒脱自在，襟怀磊落，无私无畏，靠着绝世武功和绝佳人品演绎出绝代风华，是所有创业者一生追求的最高境界。

一、到底什么是知行合一

到底什么是知行合一？可以用如下四句话来概括。

1. 知行合一是良知与行为保持高度一致

众所周知，“知行合一”思想的提出者是王阳明。王阳明的心学思想主要分为三个阶段：心即理、知行合一和致良知。

“心即理”是“龙场悟道”时提出来的，针对的是朱熹的“性即理”，认为“圣人之道，吾性自足，不假外求”。后来在此基础之上提出了“知行合一”，到了晚年基本上就提“致良知”了。这三大思想同属于一个体系，分别代表了心学的起因、方法和根本目的。

王阳明最广为传颂的四句教是：“无善无恶心之体，有善有恶意之动，知善知恶是良知，为善去恶是格物。”[①]

不仅很好地解释了《大学》“八条目”中的“格物、致知、诚意、正心、修身、齐家、治国、平天下”的对应关系，清晰地指出了“致知”就是致良知，也为后来的创业者提供了一个“非常伟大的起手势”，就是格物致知，知行合一。

个人的良知本来是光明的，能知是非善恶，能洞悉“宇宙即吾心”的万事万物的发展和运行规律，能透过一切现象直抵本质。只不过我们经常会出现“意之动”，容易被人类长期进化的“动物脑”所控制，从而私欲膨胀，遮蔽了良知。所以我们要“致吾心之良知于事事物物”，用心中无数个格子标准去丈量万事万物，在事上磨、“事上练”，看清规律、看清本

① 〔明〕王阳明：《传习录》。

质，光明良知，达到知行合一的状态。

2. 知行合一是儒家思想的巅峰

正统的儒家思想大约经历了孔孟之学到天人感应，再到程朱理学、阳明心学，最后到近代新儒家等，一直都在强调经世致用，强调个人进取与社会秩序，强调个人与社会的和谐关系，是典型的入世之学。该思想重视个人道德修为和对社会的价值创造，与避世出世的道家、佛家思想截然不同，所以中华民族包括东亚文明都受到了儒家文化的深远影响。

随着科学技术的发展，每一个学说都会受到历史的局限。科学是哲学的继续，科学推动哲学的发展。明末清初的大思想家王船山提出了“气”是物质实体，“理”是客观规律；提出“气者，理之依也”和“天下惟器”的唯物主义观点，被称为“东方黑格尔”。所以“知行合一”思想同样具有非常鲜明的时代活力。

今天我们理解的知行合一哲学理念，与春秋战国时代和明清时代对比，蕴含着新的世界观、人生观、科学观和时代观等。这也恰恰证明，知行合一具有永不褪色的真理性，无论在任何时代，我们都需要知行合一，用良知去指引行为，用行为光明良知。

知行合一蕴含着经典的哲学三论：认识论、实践论和方法论。所以，知行合一也是儒家思想的巅峰，从实际方法上呼应了孔子提出的“从心所欲而不逾矩”，孟子所讲的“我善养吾浩然之气”。知行合一，同样也是中华民族对人类思想发展做出的重大贡献。

3. 知行合一是务实的理想主义，既要仰望星空，又要脚踏实地

将知行合一思想内化到当今社会中的每一个人，用一句话来概括，就

是务实的理想主义，既要仰望星空，也要脚踏实地。所谓有理想，就是由内心的良知扩充到一定阶段之后，意识到自己人生必须承担的使命是什么、自己是为何而存在的，把自己的内心投射到宇宙星空，但又不能空谈理想，要把理想和使命形成一个个具体的计划，脚踏实地地加以实现，使自己的人生达到内圣外王、知行合一的状态。

在苦难动乱的战争年代，务实的理想主义演变成一种革命的浪漫主义。克劳塞维茨在《战争论》中有一句名言："伟大的将军，是在茫茫黑暗中，把自己的心拿出来点燃，用这一缕微光照亮队伍前行。"这句话就体现出一种浪漫的悲壮。作为创业者，通常都深知"创业艰难百战多"，知道很多苦难是无法预期的，要想把大家凝聚在一起，迎接挑战、战胜困难，似乎比登天还难，而这恰恰也是创始团队无法做到"知行合一"的表现。

在关键时刻，创业者能否用理想点燃伙伴心中的信念，不仅需要光明自己的良知，还要让整个团队的良知为之光明，并照亮一群人的前进之路。可是，这样的"知行合一"又谈何容易？也正是因为这个原因，"知行合一"才显得弥足珍贵。

4. 知行合一是创业的终极思想，也是人生幸福的终极思想

知行合一是"梦想成真"的核心方法论。无论是创业，还是生活，我们这一生，谁不渴望梦想成真？但是，究竟要做什么样的梦，如何实现心中的梦，关键都在"知行合一"四个字上。

所谓"赤子之心"，是比喻人心地纯洁善良。这样的心无比透亮，无比清澈，良知是极其光明的，这样的心有多强大？"泰山崩于前而色不

变，麋鹿兴于左而目不瞬”。但是，为什么后来人越长越大，烦恼和恐惧却越来越多了？原因就在于，我们的良知被世俗的私欲所蒙蔽了。如同一面光亮的镜子，从布满灰尘开始，到渐渐布满污垢，这样的良知根本无法光明，无法有效指引我们的日常行为，于是就出现了各种恶行，甚至犯罪。

最近这些年，我们总会看到一些曾经被媒体追捧的人后来被大家唾弃，原因何在？我们有时候甚至不禁感慨，这个人早就财富自由了，为什么还要贪婪狂妄到这种地步？只有一种解释，就是良知被私欲蒙蔽，无法做到知行合一，原本可以幸福的人生被钉在时代发展的耻辱柱上。

光明良知，依照良知而行，达成知行合一，才能以不变之真心，应万变之人生。做到“此心不动，随机而动，此心如镜，无物不照”。达到曾国藩所讲的“物来顺应，未来不迎，当时不杂，既过不恋”的境界，尽人事，听天命，实现没有遗憾、没有感性烦恼的人生，即为幸福的人生。

二、如何才能做到知行合一

要想每时每刻都做到知行合一，非圣人不能为之。但是，只要能够在某一个时刻，或多数时刻做到知行合一，我们也就能在某个时刻成为圣人。作为一个创业者，如果想在创业之路上实现知行合一，可以采取以下三种方法。

1. 不断扩充和光明我们的良知，凡事一切向内求

知行合一的思想就是建立在“心外无物”——龙场悟道的关键点上，主张“心即理”，强调主观能动性的作用。所有的成败得失，首先都要从

自己身上去找。所有问题的解决办法，其实早已存于我们的内心，只不过因为我们良知的扩充还不够或被我们的私欲所蒙蔽。而要做到这一点，就要记牢心法口诀：守本心、学本事、尽本分、修本能。

（1）守本心。简单来说，守本心就是立下自己的人生志向。需要特别强调的是，儒家思想的根本还是理想主义，立志自然也就成了头等大事。确立了志向之后，就要进一步明确个人的使命、愿景、价值观和行为准则。这些构成了个人的本心，牢牢守住本心，就能扩充并光明自己的良知，个人也就有了定盘星。守住本心，无论遇到任何事，都能无物不照，才可以此心不动，随机而动。

（2）学本事。万般带不走，唯有业随身！如果说本心是一个人的定盘星，那么本事就是一个人的压舱石。本事积累得越多，人生这艘船的航行就越平稳。很多时候，创业遭遇的苦难，就是本事不够的表现。比如，没能力开发出市场受欢迎的产品、没能力策划有效的营销活动等。

（3）尽本分。其实，就是培养自己的责任感。很多人遇到功劳就抢，遇到困难就往外推，事不关己，高高挂起。尽本分一共有两层含义：一个是尽到作为公民的本分。在热播电视剧《人民的名义》中可以看到，无论是贪污，还是懒政，都没有尽到自己的本分。一个是尽到作为个人的本分。在日常的家庭和工作中，不管是作为父亲或母亲包括子女，还是在工作中作为员工或管理者，都要尽到自己的本分。虽然尽到本分很难做到，需要我们的良知必须是光明的，投射到我们应该尽到的具体事情上去。有些人处于某个岗位上，却不清楚自己应该做好哪些事，只是机械地重复去做几件日常安排的事情，浅薄地认为自己是一个负责任的人，这是一个很大的误区。在现实生活和工作中，本分的人确实很少，如同知行合一的人很少一样。

（4）修本能。这一点最难做到。我们所讲的知行合一，本意就是指知行合一是同时发生的，而不是先有了知之后才有了行，是知与行在电光石火之间保持了高度的统一。这是一种本能的体现，具体内容我们会在后面展开。这种本能，就如王阳明所讲的“如好好色，如恶恶臭”，代表了良知光明的一定程度。就像一面磨光的镜子，上面不染纤尘，任何事物都能在一瞬间照出原形。

总之，守本心、学本事、尽本分、修本能，是一个持续的内在修炼的过程，不断扩充和光明自己良知的过程，就能慢慢达到知行合一的境界。

2. 注重事上练，一切依照良知而行

在事上磨炼，依照自己的良知而行，就能切己体察，反躬自省，让自己的良知时时刻刻观照到自己的行为。这种训练心法可以概括为“三少”：凭良知说对话，少说废话；凭良知做对事，少做废事；凭良知找对点，减少一切废动作。

（1）凭良知说对话，少说废话。在工作或生活中，不要说违心的话，每一句话都应该出自本心；更不要去说不着边际的话、与主题无关的话等。一天之中我们会说很多废话，废话说得多了，我们的良知或真实目的性就不强了。说话主要体现在沟通上，讲了一堆废话，就是效率极低的沟通，甚至还可能把项目朝着相反的方向推进。所谓凭良知说对话，就是要洞悉问题的关键、本质和规律，要了解具体节点如何控制和把控，要整合资源等。为了更详细地了解，可以阅读一下《金字塔原理》这本书。这里需要补充的是，凭良知说对话，少说废话，首先不要说假话，除非是遇到

《孙子兵法》所要运用到的“诡道”，但这些在我们日常的商业活动中都极少出现。另外，也不要把所有的真话都说出来，要有所保留，要说到对方的心里去，要有利于沟通，要说得明白，说得通透，说得简洁。

（2）凭良知做对事，少做废事。管理学大师德鲁克有一句名言：“做正确的事，大于以正确的方式做事。”创业者的高效就在于始终坚持“以正确的方式，做正确的事情”，只要连续一周的时间，把自己每天每个时段做的事情做个登记，就能清晰地发现，我们做的多数事情其实都是废事。大约在10年前，我读过一本书，叫《时间投资法》，作者是日本的胜间和代。她在书中提到一个新的概念，把时间分为四类：消费时间、浪费时间、投资时间和闲耗时间。只有消费时间和投资时间才能产生真正的价值，而多数人的多数时间都被懒惰、贪吃等动物性支配着。用王阳明的话来说，就是在那一刻，私欲遮蔽了良知。良知没办法显现，自然就没办法做到知行合一了。所以我们要时刻观照自己的内心，把有限的时间用在激发和创造人生价值和意义的事物上。祛除私欲，保持正心正念，知行合一，然后进入良性循环。此外，做对事还包括在正确的事情里，做好优先的次序安排，这也是所有的管理学著作都会告诉我们的“要事优先”。

（3）凭良知找对点，减少一切废动作。万事万物都有其发展的必然规律，我们要洞悉其背后的运行原理，抓住本质，抓住要点。前面提到过“庖丁解牛”的故事，为什么能够做到游刃有余？主要原因在于，摸透了牛的身体骨骼结构，知道具体的突破口。阿基米德有一句名言：“给我一个支点，我可以撬动整个地球。”我们经常讲“打蛇打七寸”，也是这个意思。就是要找到出发点、突破点和决胜点，时刻提醒自己，尊重常识、尊重人性、尊重规律，尽量客观地用唯物主义辩证法去分析问题、看待问题，抓主要矛盾和矛盾的主要方面，找到关键点，取得事半功倍的效果。

综上，**只要我们坚持少说废话，少干废事，减少一切废动作，就能从行为引导出一种习惯的力量。借助这种习惯的力量，就能日日不断时时不停地去扩充光明我们的良知，并对我们的行为起到正向引导作用。继而进入良性循环，达到“致吾心之良知于事事物物”的知行合一的境界。**

3. 要始终保持一种对自然、对世界的敬畏

知行合一不一定要做到心想事成。宇宙的运行并不以人的意志为转移，我们必须时时刻刻提醒自己：全情以赴，把剩下的交给命运。这不是一种宿命，更不是一种迷信，而是一种敬畏，一种洞悉天道的豁达。

知行合一是一种时时刻刻存在的状态，在实现目标的过程中，执念太深，就会不可避免地朝着相反的方向发展。凡事做到问心无愧，就已经是知行合一的状态。事情的结果，不一定会如我们所愿，但只要我们倾尽了心力，就不会留下任何遗憾。知行合一是一种本心本真的状态，而不是一种可以为之的结果，不要抱着太强的功利去修炼知行合一。

比如，一个刚创业的团队，立志 5 年内公司上市，成为细分领域的第一品牌，让全国消费者享受到更好的品质和更好的服务。大家志向远大，目标明确，有清晰的使命、愿景和价值观。兢兢业业，团队不断壮大，业务不断增长。但是，即便如此，也不能保证公司一定能在 5 年内上市。且不说国家的宏观政策有没有变化，里面还有很多不可控因素，难道公司没上市，就没做到知行合一吗？如果公司对上市执念太深，私欲就会逐渐遮蔽良知，做的事情就会扭曲变形，继而引发灾难性的后果。心怀敬畏，光

明良知，不问结果，但求耕耘，才能从容地做到知行合一。

总之，侠文化的本质，就是知行合一，像大侠一样创业，就是要像大侠一样知行合一。那么，知行合一的大侠，到底是一种什么样的状态呢？简来说之就是，睁眼即是本质，开口即得本心，出手即是本能。

睁眼即是本质，就是一眼看穿问题的关键，一眼看穿事物的本质；

开口即得本心，就是不讲废话，每句话都要讲到点子上，讲到对方的心坎上；

出手即是本能，就是养成第六感，靠本能和直觉去有效推进项目的实施。

这种状态是所有创业者都梦想企及的状态，是立大志、吃大苦之后修行出来的状态，是一种洒脱自在的英雄本色，是一种奋斗与担当的自然流露。内心光明，如赤日当空，而万象毕照。为大侠者，浩然之气纵贯天地，赤子之心长耀寰宇，这是何等的从容，又是何等的情怀！

三大基础定律

在创业过程中，营销战略的制定和营销计划的实施花费了我们大部分时间。营销一度被过度神化，甚至妖魔化，所以过去几十年，围绕营销的概念和所谓的大师总是层出不穷，使得我们在开展营销的过程中更加容易迷失。从知行合一的角度出发，洞悉营销背后的本质和规律，就会发现，任何一项营销工作的开展都会遵循其底层的基础定律，概括起来就是：价值定律、认知定律和能量定律。

一、价值定律

这一点，往往最容易被忽视。创业成功率为什么这么低？营销成本为什么越来越高？根本原因就是三个字：同质化。创业之前，很多人都不会深度思考这样一个问题：我们提供的产品或服务，是否具有独特的、不可替代的价值？不能清晰地回答这个问题，就贸然去创业，只能死路一条。

很多人抱着侥幸心理，觉得自己不一定会失败，但创业的成功概率跟中彩票差不多。侥幸就是创业者很容易犯的错误，是“创业人性七宗罪”中极其常见的一种“罪过”。

《孙子兵法》讲：“胜兵先胜而后求战，败兵先战而后求胜。”意思是，真正的胜利者在动手之前会提前确定胜算，然后再决定开展。创业同样如此，**创业之前，一定要反复思考，我们是否创造了独特的价值？是否具有不可替代性？是否具备唯一性？如果不能，就要进一步缩小战场，强化自己的战略纵深，确保自己在某一个细分领域具备真正的竞争优势，然后再开始营销活动。**

在《营销管理》这本书里，科特勒对市场营销的定义是：“市场营销是个人和集体通过创造产品和价值，并同别人自由交换产品和价值，来获得其所需所欲之物的一种社会和管理过程。”这里特别提到了两个字：价值。没有价值的营销，是无本之木，无源之水，只能一步步深陷同质化竞争和资源消耗的泥潭之中。这样的创业，从一开始就注定是失败的。

二、认知定律

前面提过，没有价值的营销，无异于空中楼阁，镜花水月，那么如何才能有效地挖掘出独特的价值呢？这就与用户的认知息息相关了。

营销认知就是，能否实现在用户心智中的独特占位。能够占位，就有价值，否则，这个价值就没有立足点。比如，梁大侠在创业之初，面临的白酒市场是一片红得发紫的充分竞争的市场。市场规模虽然足够大，但每个价位段几乎都塞满了全国性和地方性的强势品牌和拳头产品，看起来似乎是没有任何竞争机会。

无论是拼历史、拼工艺，还是拼渠道、拼广告等，我们都没有独特优势，没有任何胜算。为此，我们选择走文化路线，从文化中细分出侠文化，立志弘扬侠义精神，打造中国白酒侠文化第一品牌，如同混沌中一股清流的呈现。侠文化与酒文化存在天然关联，且在消费者认知中是一种长期存在的价值文化，正好印证了一句流行话："生活中并不缺少美，而是缺少发现美的眼睛。"

寻找和挖掘价值，就是要去发现，而不是发明。而要建立认知，仅找到价值的区隔点还不够，无法在用户心智中立足，还必须找到这个区隔点背后的支撑点。在长期的营销实践中，我总结了一个公式：认知的立足点 = 区隔点 + 支撑点。依然是上面提到的梁大侠创业案例——找到了"打造中国白酒侠文化第一品牌"这个差异化的区隔点后，又遇到一个问题：我们凭什么可以做到？我们的产品有哪些优势？于是，就总结了"三高一平"：高品质、高颜值、高情怀以及贴近老百姓的平民价格。有了独特的区隔点和强大的支撑点，至少说明这个认知是可以立足的，也是可以逐步建立起来的。

三、能量定律

营销的三大基础定律，是一脉相承的。在创业开展营销活动之前，必须发现我们的价值，建立起价值的认知模型，就是独特的区隔点和强有力的支撑点。而具体建立认知、传递价值的环节，还要依赖于能量。

能量定律告诉我们，即使是再好的价值差异化定位，没有足够的能量在用户心智中建立起品牌认知，也等于零。比如，有些公司刚开始的战略都非常清晰，但是做着做着就被反超了。如今，很多很多细分品类占据第一品牌的公司，往往这个想法或定位并不是他们首先想到的，但他们执行得最彻底，是真正在消费者心中建立起了强有力的认知。

能量定律揭示了营销战中最根本的法则，即集中优势兵力、集中优势资源，特别是在资源有限的情况之下，最忌讳的就是分散和浅尝辄止。在公司内部，我经常告诫营销中心的同事："如果你没办法做透一个城市，是不是可以先做透一条街？如果一条街也做不透，是否可以先做透一家店？如果你暂时还没有能量烧开一壶水，是否可以先让一滴水沸腾起来？"

在营销活动中，能量定律的运用无处不在。打个比方，如果希望在消费者心目中建立强有力的认知，等同于找准了这个位置后，把一颗钉子牢牢钉进去，能否成功，主要取决于两点：第一点是这颗钉子是否足够锋利，这就要求我们的策略必须精准，创意必须吸引眼球，概念必须打动人心；第二点就是，锤钉子的力度是否足够强大，是否足够持续。二者缺一

不可。如果发出去的营销信号不够清晰、不够强烈，即使做了大量的工作，也可能事倍功半，无济于事。

总之，认识到营销的三大基础定律——价值定律、认知定律和能量定律，保持足够的敬畏，并加以深刻和充分的运用，在创业前期资源有限的情况下，也可以开辟出自己的新战场。通过一系列针对性的有效的营销活动，在战略上形成降维攻击，在战术上形成饱和攻击，才是真正的营销制胜之道。

四大提升心法

四大提升心法是我在自我学习提升过程中养成的一套心法，其底层逻辑来自这些年所接受的西方的一些经典管理和品牌理论。当然，重要的还是东方哲学智慧的滋养。这四大提升心法就是：熟能生巧、强烈的感官刺激、减少一切废动作、持续优化和做透。

一、熟能生巧

巧思之巧，在于熟能生巧。人性中的焦虑，大部分都来自对未知的恐惧。这种焦虑，会使大脑产生一种本能的抗拒。如此循环，就会造成大量的不必要的纠结和浪费。在工作和学习中，如果我们屏气凝神，花费一定的时间来深度理解某项工作的运行本质和逻辑，把核心知识点一一摘录出来，就能形成清晰的结构模型，产生一种豁然开朗的感觉。

其实，这项工作并没有我们想象的那么难。

《刻意练习》这本书揭示了一条在任何行业取得成功的黄金定律，即持续不断的练习和精进。除此以外，没有更好的办法。想想那些钢琴家、书法家、电影导演、程序员等各行各业涌现出来的天才，哪个不是熟能生巧造就出来的？不可否认，任何人在某一个领域都有其独特的天赋和热情所在，但并不能涵盖所有的领域。面对陌生的领域时如果能保持一种本能的抗拒，那么认知和技能就会大受局限，推进的效率也会大打折扣。

这些年来，在工作推进过程中，如果遇到陌生的领域，我都会集中一段时间进行熟能生巧的刻意练习；而对于自己擅长和喜爱的领域，更会不遗余力地精进。如此，自然就能有效地扬长避短，在战略上增进长板，在战术上补齐短板。前面在“苦于精进技能”章节中提到的“四化建设”，比如，知识结构化、技能模块化等，都是熟能生巧的必然结果。谨记这条心法，抱着这样一种态度，就是“搞熟它”！然后，就能潇洒地像《卖油翁》里面的一句经典对白：“我亦无他，惟手熟尔！”

二、减少一切废动作

大侠一定是潇洒的，一定是干脆利落的。日常工作的低效率，主要原因就是废动作太多。由此，必须养成检视工作项目的习惯，一一对照去看。万事万物，都有其运行的客观规律；芸芸众生，都有其遗传的社会人性；纷繁世界，都有其达成的基本常识……这些都是恒定不变的，只要我们尊重规律、尊重人性、尊重常识，躬身入局，切己体察，就能少走很多弯路，减少一切不必要的废动作。

三、强烈的感官刺激

这里的“强烈”，不是那种歇斯底里的，而是针对不同感官系统进行强烈的有效刺激。有时候可能是洪流滚滚，有时候可能是波澜不惊，于无声处听惊雷。为了有效传达价值，就需要产生相应的认知，而认知的达成依赖于能量的强弱。信号的传递能量太弱，就无法形成有效的认知，工作的价值更无法实现。

任何创业者都希望自己的创业项目，无论是哪种形式的产品，都能凝聚宗教般的信仰和初恋般的热情。其实，在乔布斯时期苹果就是一种这样的存在。乔布斯召开的每一次发布会，都能引发追随者强烈的共鸣。

说到宗教般的信仰，我们举个例子：进入一座寺庙后，首先明黄袈裟、巍峨殿宇、怒目金刚等都会在视觉上给我们强烈的刺激；然后，就能听到木鱼的敲打声、和尚的诵经声以及寺院撞钟的声音等，听觉上的刺激独特而强烈。在嗅觉上面，焚香的味道会弥漫整个参观过程，加上吃斋饭等差异化味觉刺激等，就会发现，我们的目、耳、鼻、舌、身、意等全方位都会受到感官刺激，这也正对应了佛家所讲的“六根”。

我们也可以借鉴这种逻辑去思考自己的产品。很多项目之所以难有起色，就是因为无法形成强烈的感官刺激，无法转化为有效的认知。当然，还需要强化说明一点，就是人类的大部分行为其实都是为了对抗遗忘，在渺若烟尘的交错时空，事物只能因被铭记而存在。我们要谨记使命，不忘初心，努力使自己的行为能够入眼、过脑、走心。

四、不断优化、持续做透

这条心法对应了唯物主义辩证法的三大规律之一：量变到质变规律。也如曾国藩所讲的："下日日不断之功，下滴水穿石之功。"在创业的过程中，千万不要追求所谓的完美主义，因为完美主义往往是纠结主义、怀疑主义和拖延主义的代名词。万事万物每时每刻都处于不断变化中，变化不止，自然也就没有所谓的完美状态。另外，很多工作需要持续一段时间，才能产生根本性改变，需要投入大量的人力和物力。时间是最公平的，时间不到，火候不到，拔苗助长、刻舟求剑、守株待兔等，都无法取得理想的结果。

我们要保持恒心恒念，把一件事情做到位，做彻底，做成一番风云气象。对于这一点，荀子《劝学》中有一段讲得非常透彻，大家可以反复诵读：

> 积土成山，风雨兴焉；积水成渊，蛟龙生焉；积善成德，而神明自得，圣心备焉。
>
> 故不积跬步，无以至千里；不积小流，无以成江海。
>
> 骐骥一跃，不能十步；驽马十驾，功在不舍。
>
> 锲而舍之，朽木不折；锲而不舍，金石可镂。
>
> 蚓无爪牙之利，筋骨之强，上食埃土，下饮黄泉，用心一也。
>
> 蟹六跪而二螯，非蛇鳝之穴无可寄托者，用心躁也。

七大顶级思维

古往今来，有些思维模型被世界上多数杰出人物反复提及。回望历史，不仅可以看到这些思维运用的闪光之处，还能在他们的笔记名言中增辉。那么这些顶级思维究竟有哪些共性？如何才能像这些人类精华一样思考？通过长期的总结和训练，我梳理出以下七种顶级思维：复利思维、终局思维、结构思维、边界思维、多赢思维、本质思维、指数思维。

一、复利思维

通俗地理解，就是利滚利思维。就像巴菲特所说的滚雪球效应，努力使一件事物持续增长，从量变引发质变。其本质就是：做事情 a，会导致结果 b；而结果 b，又会反过来加强 a，如此不断循环。

曾有人举过一个惊人的例子：假设一张普通厚度的纸，将其对折，再对折……重复对折 64 次，高度可能达到 166020696 万千米。这个长度是什么概念？地球到月球的距离才 38.4 万千米。这就是复利的力量。

我们之前也举过一个例子：每天进步一点点和退步一点点，一年之后的差别如何？1.01 的 365 次方为 37.8，0.99 的 365 次方为 0.03，两者相差了 1260 倍（见图 2–5）！复利思维告诉我们，一定要选择一条长长的赛道。而要确保这条赛道的长期性，需要一定的战略洞察力和预见力，要在纷繁复杂的不确定性中，找到确定性的抓手。

$1.01^{365}=37.8$ VS $0.99^{365}=0.03$

图 2–5 积少成多的差距

过去的20年互联网行业高速发展，设想一下：个人拿出10万元在2004年买进腾讯股票，只要他能抵挡住人性的诱惑，凭着这一波复利增长，投资就可能翻500倍以上。当然，股票投资只是提供了一个可供量化的指标而已，其实复利的力量无处不在。只要长期坚持一个好的习惯，每天写500个字的读书笔记或工作思考，一年下来就是18万多字；坚持10年的时间，就是180万字，将会给个人带来多大的改变？

复利思维，最关键还在于一个字：恒。在这方面做得最好、最为世人所称道的就是曾国藩了。他提醒我们“下日日不断之功，下滴水穿石之功”，甚至还常常在家书中提及“人而无恒，终生一无所成”[①]。

因此，养成好的习惯，选定长期为之奋斗的项目，保持恒心恒念，持续突破，铢积寸累，就能引发人生的“荷塘效应”，真正成为时间的朋友。

二、终局思维

终局思维，其实就是结果思维与逆向思维的结合。也就是说，面对很多选择时，要从终点出发来考虑问题，以决定当下的选择。对此，巴菲特有一句经典名言诠释：“对于一只股票，如果你不想持有10年，那就不要持有10分钟。”在《高效人士的七个习惯》中，把这个思维称为“以终为始”。终局思维，在战略层面主要表现为个人或组织的使命和愿景，对于行为具有巨大的指引力。

因此，既然要创业，就要明确公司的使命到底是什么，公司的发展愿

---

① 《曾国藩家书》。

景到底是什么。如果这些不明确或不成立，创业就会像驶向茫茫大海的一艘船，没有方向、没有目的地地航行，必将触礁沉没。对此，千万不要有任何的侥幸，否则只会不断迷失在徘徊与旋涡中。

创业者不忘记自己为什么要出发，到底要去向哪里，也契合了我们新时代的口号："不忘初心，牢记使命。"

对于个人来说，终局思维更应该表现为向死而生。当生命行将结束的时候，你会为哪些事情而自豪，会为哪些事情而悔恨，会为哪些事情而遗憾？只有想清楚这些问题，才能更好地过好当下的每一天。

终局思维在战略层面的重要性，在本书的开篇就做了极其详尽的阐述，整个"立大志"章节都贯穿其中。而在战术层面，终局思维更强调的是所有事必须服务于最终目的，所有的事在一定阶段都是一件事。明确某项工作在某个阶段必须达成的结果，然后逆向反过来推导，才能有效达成，确定自己的关键动作、关键节点和关键资源配置。

三、结构思维

这是一种通过建立逻辑结构，来认识问题、分析问题的思考方法。从唯物主义辩证法角度来说，万事万物都具有一定的独立性和相关性，根据其关联性的强弱，就可以形成一定的逻辑结构。

如同一棵参天大树，可以分为树干、树杈、树枝和树叶，甚至还可以再进一步细分；既有我们可以看得到的部分，也有我们看不到的隐性部分，比如根系结构等。这种细分是无可穷尽的，要抓主要结构。

结构思维能够让我们迅速看清事物运行的基本原理，从一幢摩天大楼的建造，到一个营销活动方案的制订，所有有形的或无形的，都蕴藏着清晰的结构和内在逻辑。

如今，“思维导图”已经普遍成为我们训练和运用结构思维的工具。前面章节中，我提到过对我产生重要影响的一本书，就是明托的《金字塔原理》，建议大家可以反复读一下，因为结构思维需要反复训练。**麦肯锡有一篇著名的《七步成诗》，告诉我们如何有效运用结构性思维来分析问题和解决问题。这七步分别是陈述问题、分解问题、消除非关键问题、制订详细工作计划、关键问题关键分析、综合结果并建立有结构的结论、整理一套有力度的文件。**

总之，分类和结构是人类数万年进化出来的宝贵基因，无论是一曲美妙的传世音乐，还是一个跨时代的理论公式，或者是一项革命性的技术发明，都蕴藏着无与伦比的结构。在精神或物质世界，我们都应该像工程师一样，用结构化的思维去构筑自己的灵魂，化解遭遇的挑战，丰满自己的人生。

四、边界思维

所谓边界思维，就是就某个问题、某个项目的思考，必须确定一个相对完整的空间和范围，形成一定的地图指南作用，也称得上是“戴着镣铐起舞”。在多数情况下，只有知其不可为，方能知其所以为，不能违背基本常识。

边界思维，能够迅速将我们的思考缩小到一个相对自由而安全的范围内，更精准地找到突破点。主要是在以下情况下设立一定的边界，比如，条件边界、时空边界、道德边界、法律边界等。

1. 条件边界

其实是必须认清现有资源条件的情况下，思考如何抓住机会和解决问题。举个例子，如果你想在短视频上推广某新产品，最有效的办法就是找头部网红进行带货，但是费用很高，并不适合很多中小企业。这就是思考突破的时候，缺少条件的边界思维。

2. 时空边界

就是必须在要求的时间或空间内去思考问题和解决问题。比如，很多食品都有保质期，这是食品推广必须重点关注的因素。

3. 道德边界和法律边界

就是不能使用违反道德和法律的方法，比如，可以宣传自己的产品如何，但不能诋毁竞争对手。虽说商场如战场，兵不厌诈，但依然要有最起码的道德边界和法律边界，不能为所欲为，无所不用其极。

五、多赢思维

多赢思维，就是在项目的分析和解决上寻求一种多方共赢的思考模式。说白了，就是有钱大家一起赚。

利他才能多赢，多赢思维的关键就是要有真正的利他之心。其实，在中国传统文化智慧里，一直强调利他。比如，老子的《道德经》中最后的两句话是："天之道，利而不害，圣人之道，为而不争。"孔子说过："己欲立而立人，己欲达而达人。""己所不欲，勿施于人。"有舍才有得，这是商业的不二信条。什么利益都想独吞，或者把自己放在最核心的位置，谁还愿意与你合作？

多赢思维，要把握三个关键法则：首先，优势互补，形成1+1大于2的合力效应，不要盲目为了合作而合作；其次，志同道合，只有在同一个频道上合作，才能大幅减少不必要的资源内耗；最后，妥善退出，必须兼顾到任何一方退出的妥善处理，形成相应的权力和约束备案。这三点是构建真正信任的基石，而建立信任是多赢思维的核心所在。

另外，多赢思维不能只局限在合作伙伴上，在必要的时候，也要重点考虑潜在的或现有的竞争对手。运用好多赢思维，就能发现世上的万事万物都存在某种关联性，可以找一种路径或一种方式，进行有效串接，串起一颗颗形态各异的珍珠宝石，变成光彩夺目的项链。

六、本质思维

本质思维就是始终以事物运行的基本原理、基本逻辑和基本规律进行思考的一种思维模式，也被称为“第一性原理”。运用该思维最有名的企业家是美国的马斯克，他不仅一直强调“第一性原理”，包括他创业的项目如特斯拉、spaceX等都是遵循这一原则的。

本质思维要求我们深度理解事物运行的基本原理、基本逻辑和基本规律，始终围绕基本变量去推动工作。比如，早些年电商行业发展风起云涌，那么电商平台运营的本质是什么？列举出来，无非就是保真、便宜、快速。竞争到最后，确立了质量的信任度之后，就剩下价格便宜和物流快速两个核心了。所以国内的京东或国外的亚马逊，都在围绕这个本质构筑自己的核心竞争力。

比如，提到消费升级，消费升级的本质是什么？认为消费升级就是价格上涨，就会进入一个巨大的误区。目前的消费升级是随着社会主要矛盾的转换产生的，过去的社会主要矛盾是生产力无法满足消费者需求，现在是产能过剩，却无法满足人们对美好生活的向往，发展出现了不充分、不均衡等情态。如此，消费升级就需要围绕“美好”的本质来进行。

美好的本质是什么？真、善、美。因此，要用“三高一平”即高品质、高颜值、高情怀和平民价格，推导出消费升级的本质。比如，创业的本质是什么？是创造一份独特的社会价值，而这个价值带来的回报能够有效建立发展壮大一个组织，持续更好地创造价值。只有这种本质，才能孕育出企业家精神。因此，具备本质思维的人，都会首先选择做正确的事，然后才是正确地做成事；他们选择的是正确且难的事，是不折不扣的长期主义者。

七、指数思维

所谓指数思维，就是指与线性思维相对应的一种思维方式，是通过有效建模，复制推广引发裂变，从而产生指数量级增长的一种思维模式。比如，两个人同样拿出 50 万元创业，甲打算开一家餐馆，乙计划注册一个新品牌推广家乡的特色美食。抛开其他条件不谈，单纯地从投资思维的角度来分析，前一种就是线性思维，后一种就是指数思维。

为什么这么说呢？比如，即使餐馆生意再好，能获得的收益基本上也是固定的，是由餐馆开设的面积和周边人流决定的；而投资做一个特色美食的品牌，如果能卖给 100 个人，理论上完全有可能通过电商平台和线下代理渠道卖给 100 万人，实现指数级增长。可见，指数思维需要天马行空的想象力，也需要脚踏实地的执行力。

复制和裂变，是指数思维的根本。真正的创业，一定要形成指数思维，才能实现价值创造的最大。当然，指数思维也必须与前面提到的本质思维牢牢结合起来，缺少本质性的价值，是无法真正形成可产生裂变的内核的。该内核就是道，如同《道德经》里所讲："道生一，一生二，二生三，三生万物。"

九大突破原则

前面提到的王阳明和曾国藩，他们都有一个共同点，就是不仅在思想上有深刻洞见，在事功上也创建了不世之勋。他们在战争中运用的一些基本战略战术原则，对于今天的商业市场仍然具有巨大的启发作用。

通过不断地学习和实践，我总结出这九大突破原则：聚焦、差异化、借势、持续、虚实、速度、联动、扬长避短、积小胜为大胜。

一、聚焦原则

在学习成长的过程中，我们很容易被一些概念误导，比如"以少胜多"。因此，做事情时，我们都容易心存侥幸，会想当然。抱着这样的心态去创业，基本上只能一败涂地，一地鸡毛。

首先，历史上"以少胜多"的战例本来就是极少数，非常传奇，更容易被人们所传颂和铭记。但是，真正的高手，用《孙子兵法》中的话来说，就是"昔之善战者，无智名、无勇功"。

其次，"以少胜多"背后运用的基本逻辑，是诱敌深入，分散敌人资源；我方集中优势兵力，在局部建立压倒性的优势，就能实施歼灭战。“我专为一，敌分为十，是以十攻其一也，则我众而敌寡”，这句话道出了“以少胜多”的真相，那就是聚焦。聚焦是创业者必须信奉的天道，因为所有的创业者都要面临一个现实问题，就是资源有限。资源有限，过于分散，就容易消耗殆尽，这也是创业成功率低的原因。对于创业者来说，聚焦应被奉为“天道”。

聚焦不仅贯穿于整个战略的制定和实施，还贯穿于整个战术的策划和执行。在战略上，一定要聚焦核心业务，将核心产品、核心市场、核心渠道等做精做透，形成市场的相对竞争优势；没有优势，就没有了胜利的可能。而在战术层面，聚焦更是无处不在，细到每个营销人员、每个月、每周的关键指标考核上。

需要特别提到的一点是，大家都明白聚焦的道理，但为什么实施起来就这么难？因为聚焦意味着放弃，这是对人性最大的考验。**聚焦直接挑战了“创业人性七宗罪”中最重要的两项：贪婪和侥幸。因为贪婪，不舍得放弃；因为侥幸，仍然对结果心存幻想。还是王阳明那句话：“破山中贼易，破心中贼难。”真正的创业者，只会更好地运用人性，绝不会被人性所牵绊。**

二、差异化原则

工业时代，我们最不缺的就是产能，就是同质化。所以，要想在竞争中脱颖而出，必须坚持差异化的发展路线。不做更好，只做不同，因为不同，才能更好。

不能提供差异化的产品或者服务，就不要去创业，因为败局已定。但是，差异化又容易迷惑人。因为差异化的程度不一样，有些差异化是伪差异化，是为了差异化而差异化。比如，早些年出现的无醇啤酒，开发的理由是既能过酒瘾又不用担心酒驾，这种需求存在吗？

在这种情况下，消费者为什么一定要喝酒呢？可以替代的东西实在太多。所以，真正的差异化必须实现“三性”：独特性、排他性和权威性。下面，我们就以“梁大侠江湖酒馆”这个案例来分别阐述这三点。

1. 独特性

是指具有独一无二的特点，在市场上几乎是唯一的存在。梁大侠在各区域市场建立了“江湖酒馆”，这就是一种差异化的创新，打通了“人、货、场”。一群江湖儿女，坐在一家本地江湖酒馆，吃着特色美食，喝点儿江湖好酒，不亦快哉，不亦乐乎！由此，我们在市场上就抢得了先机。

2. 排他性

是指竞争对手即使想模仿你，也无法模仿。因为江湖酒馆的侠文化与梁大侠的侠文化是无缝贴合，紧密呼应，所以江湖酒馆只能由梁大侠来做，其他品牌白酒就不合适；同时，江湖酒馆的免费改造模式的运营也进行了差异化创新，其他品牌很难跟进和模仿。

3. 权威性

为了打造好江湖酒馆，我们整合了五方面的资源优势，即门店设计装修、特色菜品开发、信息化管理、原材料供应和专业化团队管理与输出；开发了招牌菜“大刀牛肉”，备受好评。背后运行的这套体系功不可没。当然，从整个品牌打造和 IP 赋能上来讲，优势更加明显，江湖酒馆的权威性也得到进一步巩固。

所有的竞争，一定是差异化的竞争。只有足够的差异化，才能实现“他打他的，我打我的”的自信与从容，在市场竞争中赢得最宝贵的主动权。

三、借势原则

“好风凭借力，送我上青云。”“势”这个字，很有意思，拆开之后，就是两个字：“执”和“力”。可以这样理解，执着于力，谓之势。也就是说，势的产生，都是为了形成突破之力，“积水之疾，至于漂石者，势也”!《孙子兵法》十三篇中，有专门的“势篇”，那么，如何才能产生势呢？

1. 要造势

比如，前面提到的两个关键原则，无论是集中还是差异化，其实都是在关键点上发力，在关键点上造势。

2. 要借势

要想凝聚强大的势能，仅靠自己造势还远远不够，还要学会借势。在赤壁之战中，无论是“草船借箭”，还是“借东风”，诸葛亮都把借势发挥到了极致。对于创业者来说，借势主要体现在两点：顺势而为、乘势而上。

（1）顺势而为。需要极大的智慧。有一句话说得很热血，叫“时势造英雄”；有一句话则说得很悲凉，叫“时来天地皆同力，运去英雄不自由”。在选择项目之前，创业者要看清未来发展的趋势，看清国家重点支持的行业方向。比如，今天你还选择电商创业，或想要在一些受环境生态管制的领域希望有所建树，就比较难了。

（2）乘势而上。就是在某一个阶段，把握一些关键的政策或重大事件。比如，奥运会、世界杯等大型赛事，会吸引很多品牌大做文章，大造声势。

中国人对于“势”一直都极为推崇，蕴含着极高的道法自然的东方智慧，我们要对其保持足够的敬畏。**形势比人强，看清风云变幻下的趋势和规律，才能造势而起，顺势而为，乘势而上，势如破竹。**

四、持续原则

凡事必须坚持到一定的程度，才能呈现相应的结果。之前讲过，唯物主义辩证法三大基本规律的第二条规律就是量变引发质变。没有累积到一定的量，根本不可能发生质的改变，反之亦然。而在世界历史和文明的推进过程中，坚持是公认的美德，关于坚持和持续的名言警句更是不胜枚举。只不过如此朴素的真理，往往还是败给了人性。

举个很简单的例子。人们都知道早起锻炼更有益于身体健康，但是能真正做到的人又有多少？坚持早起是一个好习惯，但是这句话常常被“无利不起早”这句充满人性的话打败。创业者要想实现突破，需要牢记持续原则，但不能机械地认为只要坚持就能成功。持续原则的核心在于牢牢把控“两点一法”，即出发点、临界点和核心打法。

1. 出发点

就是要检视我们是否具备了坚持下来的条件。在《论持久战》中，毛泽东充分分析了能够打赢抗日战争的各项条件；同样，在创业的出发点，就要进行SWOT分析，客观评估自己的优势和劣势，以及机会与威胁，得出我们的胜算到底有多大。不要心存侥幸，也不要心怀恐惧，只要胜算超过50%，就可以一往无前地出发。

2. 临界点

就是量变引发质变的关键点，要评估出合理的临界点应该发生在什么时候，是半年还是一年，具体多久，以呈现何种状态作为标志？类似前文提到的终局思维，这里称得上中局思维。突破了临界点，业务就会进入全新的第二曲线阶段，临界点为坚持明确了方向和标准。

3. 核心打法

从出发点到临界点，需要日日不断地坚持，但绝不是简单意义上的日复一日地重复，否则只能打圈圈、走弯路。要有一套不断精进完善的核心打法做支撑，确保日日不断，又能日日驱向前。

五、虚实法则

虚实法则，就是指充分利用虚实之间的转化建立局部竞争优势。虚实相生，有无相成。虚实法则就是有效利用辩证法的规律，从矛盾的对立和统一中寻找机会和把握机会。

对于自身的发展来说，要懂得在该虚的地方要虚，在该实的地方要实，虚虚实实，实实虚虚，也符合聚焦的法则。

对于创业公司来说，绝不能追求所谓的大而全，要舍弃一部分，集中资源把一部分做实，而另外部分可以先虚起来。比如，在一个区域市场做推广活动，网点的精耕细作一定要做得实实在在，但可以适当把广告传播做得虚张声势一点儿。这就是虚实法则体现。

虚实法则用于同类竞争，可以用四个字来概括，就是“避实击虚”。避开竞争对手实力强大的领域，在重要而虚弱的环节切入，以我之实，攻彼之虚，就能有效建立竞争优势。

比如，梁大侠在做前期推广的时候，特别避开了一、二线城市的餐饮渠道竞争，下沉到五、六线的县级城市中去。在当地发展了一批高学历、高认知度的创业新青年，作为核心代理商，通过扁平化直控终端网点的模式牢牢建立了竞争优势。这些区域一般是传统名酒管控相对薄弱的环节，但是白酒消费容量仍然很大。虚实法则也常常应用于品牌战略定位。其运用的关键，都在于能有效建立竞争优势。

虚实的运用变幻莫测，无穷无尽。正如《孙子兵法·虚实篇》中的这段话：

> 夫兵形象水，水之形，避高而趋下；兵之形，避实而击虚。水因地而制流，兵因敌而制胜。故兵无常势，水无常形。

六、速度法则

速度法则，是指依靠速度建立竞争优势。电影《功夫》里有一句经典台词：“天下武功，唯快不破。”几乎所有的兵法都揭示了一个真理，就是“兵贵神速”。所有的营销活动几乎都是一环套一环，某个环节一旦出现停滞，整个项目就会停滞。当然，速度法则也需要辩证地来看，不是说所有的项目速度都越快越好，而是指在该慢的地方要慢下来，在该快的地方一定要快起来，这就叫不动如山，动如雷霆。

众所周知，爱因斯坦有一个经典的公式：$E=MC^2$。这个C就是指速度，同等变量下，速度越快，能量越强。无论是千里跃进大别山，还是长津湖战役，这些伟大胜利的取得都在于快速的大迂回、大穿插等运动战，关键就是速度。那么，速度到底是如何产生的？速度的核心就是加速器，加速器来自势。激水之疾，可以漂石，靠的就是势。因此，与其抱怨团队的执行速度太慢、执行力太差，倒不如反观一下自己是否具备产生“加速器”的势，就是态势。

举个简单的例子。前面有一群人在慢跑，后面突然追来一头狮子，大家的速度会不会加快？如果前面出现了一排自行车，大家逃离的速度会不会更快？内部的激励机制、训练机制、考核机制等，外部的环境因素、资源条件等，都可以营造一种态势，足以激发出执行加速度。

对于创业者来说，对内不能解决加速度的机制，对外不能嫁接加速度资源，就无法形成产生加速度的态势，创业就会陷入无休止的消耗，速度也就成了一句空话。

七、联动法则

联动法则，是指取得突破的各要素之间形成有机的互补和统一。现在的市场竞争已经越来越转向立体的竞争，过去短缺经济时代那种“一招鲜，吃遍天”的做法已经很难奏效。消费者的注意力越来越分散，企业的营销信息必须对消费者形成合围，否则就容易被遗忘。

比如，我们现在花费大量的人力和物力去制造一个热搜，可能被记住的时间不会超过1小时。尤其是在今天刷朋友圈、刷短视频的时代，这个“刷”的动作就是在不断刷新消费者的关注点。所以，营销必须是立体的，必须是合纵联动形成包围的。这里，我以“梁大侠区域新营销三大战役”为例来讲解。

首先，这套打法是针对某个区域市场来做的，目的是强化梁大侠品牌与区域目标用户的深度连接。为此，针对梁大侠的消费场景和传播场景，我们细分出了终端战、团购战和流量战三大战役，分别通过这三大战役的实施和突破，与目标消费者建立了各维度的连接，形成了品牌信息对目标消费人群的触达和包围。

在具体战役的实施上，我们又进一步细化。比如，在终端战中，我们细化成铺货、陈列、氛围、活动、客情等一套组合打法；在团购战中，细化出江湖堂主、江湖酒馆、江湖宴席等组合打法；在流量战中，细化出“公关的七种武器”和“广告的六脉神剑”，形成对区域的流量覆盖。

如今，“三大战役”的联动和实施已经取得有效突破。过去的“单点突破”就像下象棋的思维，现在的“联动合围”更像下围棋的逻辑。所以联动法则要特别强调战略和战术的布局，以形成合围之势。这也是兵法所讲的“以正合，以奇胜”。

八、扬长避短原则

在补齐短板的基础上，要充分发挥优势长处，实现有效突破。

扬长避短原则蕴含着战略战术两层意思：在战略规划上，要“扬长”，要把优势最大化；在战术管理上，要“避短”，要补齐短板，否则会像“木桶理论”一样，扩大管理漏洞。但是在实际运用的过程中，容易出现眉毛胡子一把抓，甚至主次不分的情况。

对于创业初期者来说，要将优势当成战略原点去考虑。因为优势与热爱和兴趣不能分开，最热爱、最感兴趣，才能有效产生价值的点，往往这也是核心竞争优势。聚焦关键点，一针捅破天，这样的战略才是持续有效的。比如，创业选择项目的时候，正遇酱香型白酒的风口，我为什么不做？因为我的优势不在于此。我不喜欢应酬，更偏向大众消费，对普世价值的哲学和文化更感兴趣，在大众酒市场积累的经验更多，于是最终选择了大众光瓶酒，以便更好地建立和发挥自己的竞争优势。

在执行战术的过程中，要补齐短板，否则就会形成管理漏洞。比如，财务会计是创业公司前期的薄弱项，如果不想在这个地方栽跟头，就要将账算清楚，认真分析财务报表背后的基本逻辑，理顺开源节流的基本思路。

另外，从辩证的角度来说，长和短也是对立和统一的关系。王阳明说："尺有所短，寸有所长。物有所不足，智有所不明。"《道德经》也提到"长短相形，高下相倾"。在每个阶段，长短都在不停地发展和转换，要抓住市场和竞争的本质，在不同的条件和环境下，有效地扬长避短。

九、积小胜为大胜原则

创业不是一个人的战斗，而是一群人的战争。创业面临的最大挑战其实就是人性的挑战。而抚慰人性最好的良药就是两个字：胜利。两年前，我在一篇创业日记中写道："胜利的子弹，才可以真正穿透人心。"在这里，我们有必要再次强调一下"创业人性七宗罪"：贪婪、虚荣、侥幸、恐惧、自私、傲慢和嫉妒。一旦这些人性在一段时间内缺少胜利的洗礼，就会不断滋生和蔓延，导致整个团队溃散。

作为团队的带头人，在追求胜利的过程中，我们要牢牢把控这个原则，就是“求之于势，不责于人”。要积极创造和形成有助于取得胜利的态势，不要过多地抱怨、批评和责备。为追求胜利而给团队“熬鸡汤”“打鸡血”，是一种盲目的主观主义思维，降低创业成功的概率。

记住，“形势比人强”！“打胜仗”是培养和壮大团队的唯一法则。至于如何才能打胜仗，又要回到《孙子兵法》的“五事七计”来判断，五事即道、天、地、将、法；七计是主孰有道、将孰有能、天地孰得、法令孰行、士卒孰练、兵众孰强、赏罚孰明。

记住两点：

（1）真正的创业都是为打胜仗而来的！换言之，真正的创业者都是“立大志”“吃大苦”的人，他们的心性、认知和技能本身就是他们成功突破的立足之本。现实中，创业成功率为什么那么低？因为伪创业者太多，错把赚钱做事当成了创业，充满了机会主义和短期主义。胜兵先胜而后求战，败兵先战而后求胜。对于伪创业者来说，必败的判断比必胜的决心重要得多；而对于真正的创业者来说，胜利的结果其实早已注定。

（2）即使胜利的结果早已注定，前方一片光明，也要心存敬畏。道路是曲折的，要披荆斩棘，要尊重人性、尊重规律、尊重常识，要用一次又一次的小胜利，一个阶段又一个阶段的大胜利，来实现心中这份伟大事业的波浪式推进。如此，也就应了任正非的名言：“除了胜利，我们无路可走。”

大侠说 2：吃大苦

1. 从儒释道的哲学来看，一个人只有内心强大，才能笑对世事，才能充盈着哲学的光辉，这也是磨砺心性的自然结果。

2. 内心有灯塔、内心有指针、内心有导师。

3. “创业人性七宗罪”：自私、贪婪、侥幸、傲慢、虚荣、嫉妒、恐惧。只有不断地磨砺心性，才能反复磨砺掉这些罪恶，磨砺得越彻底，内心越澄澈、越透亮、越光明、越强大。

4. 面对苦难，是甘拜下风、舍弃梦想，抑或中途妥协，还是视苦为乐、坚韧不拔，决定着个人能否成长。

5. 提升我们的认知，分辨出什么样的事才是要事，要事就是关于本质的事。

6. 所谓的降维攻击，用中国的一句俗语来说，就是“杀鸡用牛刀”。

7. 降维攻击就是绝不在对方设定的战场上进行决战，而是开辟出一个全新的战场，在对方够不着或不适应的地方与之展开竞争。通过战略升维，让战略成为实力的放大器，对竞争对手形成碾压态势。

8. 提升认知，跳出竞争去看竞争，跳出过程去看结果，跳出已经形成的固有思维框架，以更高的视野，更精准的方法，形成降维攻击，往往能够使我们的工作和学习取得事半功倍的效果。

9. 所有战略都依靠战术的落地，而战术的细节性创新，又会反过来影响战略的重新规划。

10. 虽然人不可能同时踏进同一条河流，却容易陷入同一种错误，这是由人的思维惯性决定的。

11. 经验的总结要遵循三个原则：具体的、内部可复制的、竞争对手短期内很难模仿。这样的经验才是有价值的，才能不断拓展认知的边界。好的经验，看得见魔鬼的细节，闻得到硝烟的味道，听得到人性深处的呼喊。

12. 规律具有必然性、普遍性、客观性和永恒性，唯有“事上练”、切己体察，才能不断归纳、总结、领悟和运用好这些规律，知行合一，不断提升认知。要始终相信，唯有得天道，方能开天眼，才能更好地走天下。

13. “苦于精进技能”就是通过在长时间的如切如磋、如琢如磨中熟能生巧，形成和掌握解决问题的一系列的原则标准、技巧和方法，建立“专业主义”的超凡技能。

14. 十年做成一件事，然后一年做成十件事。

15. 创业公司的头等大事，就是开模具和造样板。

16. 创业者必须具备在某个领域极强的专业技能，有匠人精神、匠人的本事，才能创业。仅了解多少知识，不叫知行合一。想得到，还能做得成，还能做得比别人好，才是真本事。

17. 做成一个项目比做完十个项目重要得多！做完与做成之间，决定着一个人的命运，做完与做透之间决定着一个团队的命运！

18. 如果人生是“三岁看到老”，工作就是“三年看到老”。工作前三年培养的基础技能，是决定自己未来是否专业的关键。因为技能是不能单独分割的，与心性和认知紧密相连。专业技能不够，根本就谈不上核心竞争力。

19. 知行合一地去创业，像大侠一样地洒脱自在，襟怀磊落，无私无畏，靠着绝世武功和绝佳人品演绎出绝代风华，是所有创业者一生追求的最高境界。

20. 睁眼即是本质，就是一眼看穿问题的关键，一眼看穿事物的本质；

开口即得本心，就是不讲废话，每句话都要讲到点子上，讲到对方的心坎上；

出手即是本能，就是养成第六感，靠本能和直觉去有效推进项目的实施。

21. 如果希望在消费者心目中建立强有力的认知，等同于找准了这个位置后，把一颗钉子牢牢钉进去，能否成功，主要取决于两点：第一点是这颗钉子是否足够锋利，这就要求我们的策略必须精准，创意必须吸引眼球，概念必须打动人心；第二点就是，锤钉子的力度是否足够强大，是否足够持续。二者缺一不可。如果发出去的营销信号不够清晰、不够强烈，即使做了大量的工作，也可能事倍功半，无济于事。

22. 创业不是一个人的战斗，而是一群人的战争。创业面临的最大挑战其实就是人性的挑战。而抚慰人性最好的良药就是两个字：胜利。

CHAPTER 3——————第三章

成大事

如何才能成大事？需要以立下的大志为指引，以吃大苦所磨砺的心性、提升的认知、精进的技能为核心保障；在具体的营销活动上，以“知行合一新营销思想体系”为思考框架。对具体的创业动作和步骤，具体归纳出成大事“新天龙八部”，分别为明大势、树目标、定策略、做计划、带队伍、筹资源、造样板、强复制。

明大势

形势比人强，看不清大势发展的规律和趋势，就会身处逆境。逆势而为，往往事倍功半，甚至功亏一篑。

孙中山有一句话讲得好：“世界潮流，浩浩荡荡，顺之则昌，逆之则亡。”对形势，不仅要心存敬畏之心，还要看清形势背后的发展规律，这对于创业战略的制定和实施非常关键。但很多人在形势的判断和把握上，流于表层，流于形式，缺少系统的方法论的指引，需要充分学习和运用唯物辩证法去分析。

整个世界是普遍联系不断变化的整体，唯物辩证法指出：“与万物普遍联系”和“按自身规律永恒发展”是世界存在的两个总的基本特征。矛盾（对立统一）的观点是唯物辩证法的核心，因此必须抓主要矛盾和矛盾的主要方面，深刻洞察形势的发展。

那么，到底如何才能真正“明大势”？具体分为三个层面，分别为看清社会发展趋势、看清行业发展趋势、看清用户发展趋势。

一、看清社会发展趋势

社会发展的趋势是由两种主要形态的矛盾主导发展的，这就是国际矛盾和国内矛盾。

国际矛盾，就是中华民族的伟大复兴势必建立新的世界竞争格局，而这也是当今世界头号强国美国不愿看到的。由此，世界经济的两大强国之间的博弈将深远影响未来的发展趋势。中国必须大力发展高科技、新能源等面向未来的核心竞争力行业，才能摆脱现在这种在芯片等领域被“卡脖子”的处境；同时，要强化经济内循环、减少出口依赖等，在促进经济“三驾马车”的另外两方面即投资和消费上加大政策支持。

国内矛盾，主要就是人民日益增长的美好生活的需要与不平衡、不充分发展之间的矛盾。这里两个关键点：一方面是产能过剩，需要进行供给侧的改革，更好地满足人民美好生活需要的产品；一方面是中西部落后地区与沿海发达经济地区之间的差距越拉越大，贫富分化越拉越大等。

为了解决国家层面的矛盾，国家出台了“共同富裕”等政策，大力发展中西部产业集群等。因此，要想看清社会发展趋势，就要做好三方面的功课：

（1）运用唯物主义辩证法，抓住主要矛盾这根主线，分析过去、现在和未来；

（2）仔细研究国家重要会议以及重大政策的出台；

（3）每天要多看新闻，分析背后的逻辑。

做到了这三点，就能洞悉社会发展的趋势。

二、看清行业发展趋势

行业发展的趋势由两种主要形式的矛盾主导发展，分别是指行业内外部的竞争格局。

1. 行业外部矛盾

主要体现为替代者和被替代者之间的矛盾。比如，燃油车与新能源车之间的产业升级的矛盾，会带动整个上下游产业链的新的竞争格局的形成；餐饮外卖的迅速崛起，会对方便食品等带来巨大冲击；电商直播对实体店铺的深远影响等，都揭示出“万物普遍联系”的这一本质。

2. 行业内部矛盾

主要体现是市场领导者、挑战者、追随者、游离者等之间的矛盾，市场领导者与挑战者之间的矛盾，守旧者与创新者之间的矛盾。理顺这些矛盾之间的发展关系，就能看清行业发展的整体趋势；另外，还要定期关注

行业发展的专业研究报告等。

当然，最重要的就是进行实地调研，仅靠一些人云亦云的分析，是很难洞察到真正的趋势的；只有运用科学的分析方法，加上足够多的一手资料，才能通过现象看清本质。以白酒行业的发展趋势为例，不仅要了解啤酒、调制酒、饮料等相关行业，还要了解行业内不同的香型、不同区域、不同渠道的发展现状，才能充分看清行业发展脉络、目前所处的发展阶段和未来的基本走向。

三、看清用户发展趋势

这就是我们经常所说的消费者洞察。

用户的发展趋势同样也由两条矛盾主线推动发展。

1. 核心用户与非核心用户的消费差异性

任何产品或服务，都存在核心用户与非核心用户的区别。随着时间的推移，非核心用户也可能慢慢变成核心用户，比如，一个 20 岁的大学生，现在还不是白酒的核心用户，但是可能再过 10 年，他就会变成白酒的核心用户，但是他所呈现的消费形态跟现在 30 岁的核心用户有本质不同。同样，现在的核心用户也会在一段时间后，变成非核心用户。这些都是趋势的触发点。

2. 核心痛点与非核心痛点之间消费需求的差异性

混淆了这个问题，新产品上市之后，就抓不到用户的核心痛点，产生的效果自然就会不痛不痒。比如，最近几年崛起的蜂蜜品牌“蒙面小熊”，就牢牢抓住了核心用户的核心痛点，即真蜂蜜。

蜂蜜这个行业假蜜泛滥，蜂蜜对身体的好处并不需要宣传，为了吸引用户，蒙面小熊不仅通过清新的包装打造了蒙面小熊这个超级IP，还重点着力“真蜂蜜”。欧盟有机食品认证，产自全球两大黄金蜜源地之一的俄罗斯锡霍特原始森林椴树蜜核心产区，具体蜂蜜真不真，喝的时候只要对比一下口感和花香，高下就能立现，所以“喝真蜂蜜，就选蒙面小熊”自然就能深入人心。

总之，高品质、高颜值、高情怀的平民价格的产品，会越来越受到新一代消费人群的欢迎，这就是我们前文所讲的“三高一平”。所以，在正式启动创业项目之前，一定要对这些大势了然于胸，避免主观臆断。片面表层地去看问题，往往都是肤浅的。大家显而易见的东西，要一步步抽丝剥茧，从社会形势、行业形势到用户形势，由浅入深，由表及里，抓主要矛盾和矛盾的主要方面，洞察核心的机会点，形成市场容量的基本判断和核心战略的基本路径。

明大势最忌讳的一点，就是逻辑自洽，就是自己拍脑门想出一个方案，然后使劲分析，往自己的方案上去套。这是一种急功近利的侥幸心理，很多创业者都会犯这种主观臆断的错误。其背后就是侥幸的机会主义、一种贪婪的冒险主义，核心症结就在于缺少深入分析，缺少深入洞察，不尊重客观事实和客观规律。这样的创业，从一开始就注定会失败。

树目标

分析透彻各层面的形势之后，接下来就进入了“成大事新天龙八部”

的第二步：树目标。树目标就好比定好自己在每个阶段要到达的位置，然后将一个标记高高地树立在那里，告诉自己的创业团队，这就是我们要去的地方。

树目标同样是一项实事求是的需要极大心力的工作，目标不能变成空中楼阁，不能变成镜花水月，否则目标就成了摆设，团队也会因此迷失方向。创业团队在树目标的时候，要清晰由远及近地树立三个阶段的目标。

一、树立长期战略目标

长期战略目标的设定期限一般都是 10 年起，应该根据公司的发展地位和发展形势来决定期限，比如，像 IBM 这样的超级巨头制定长期战略目标至少着眼未来 50 年甚至更长。而作为一个创业公司来说，将长期期限设定为 10 年是相对比较合理的。

长期战略目标的树立取决于两大要素：第一就是目标市场的容量判断，第二就是计划采取的核心竞争策略。两者相辅相成，决定了目标的科学树立。

1. 目标市场的容量判断

目标市场也是在不断变化之中的，比如，刚开始小品类切入进去，是为了更好地建立竞争优势，不过后来可能会蔓延到大品类市场。所以整个战略路线图相对比较清晰，才能测算出不同品类的基本市场容量。比如，一家做智能手机的创业公司，肯定会预估到接下来某一个节点市场竞争将由增量市场转入存量市场，市场的天花板肯定是越来越近。如果公司希望在智能手机领域获得一个竞争地位，并在合适的机会转入新的领域，开启自己的"第二增长曲线"，就要对市场的容量进行新的预判。

2. 公司核心竞争战略的制定

一般来说，市场竞争地位分为市场领导者、市场挑战者、市场追随者、市场游击者（见图 3-1）。在市场容量基本确定的情况下，只要确定了处于何种竞争地位、抢占多少市场份额，就能基本测算出所要达成的销售目标。所以，要想树立长期战略目标，必须是先有战略，而后才有目标。脱离基本的战略去树立目标，是自欺欺人。不做深入的分析调查，就无法形成基本的战略，目标的树立更无从谈起。一个完整的长期战略目标，应该包括目标市场的描述、竞争地位的描述、核心团队的描述、核心产品的描述、核心战场的描述，以及达成的销售和利润等核心指标的描述。

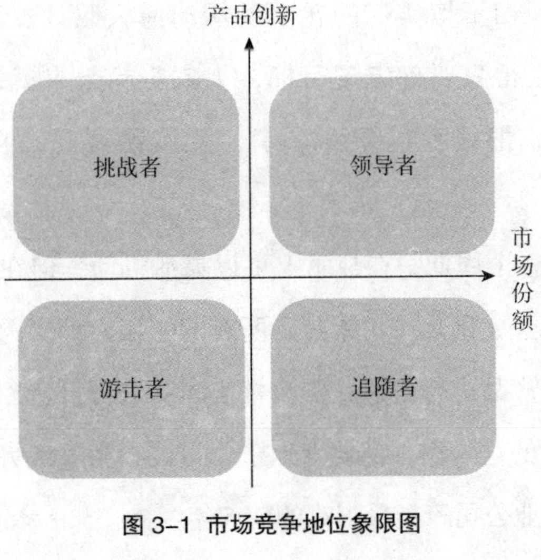

图 3-1 市场竞争地位象限图

二、树立 5 年发展目标

5 年刚好是一个小的行业周期，因此多数公司都以 5 年作为中期发展规划的节点。特别对于一个创业公司来说，能够顺利跨过 5 年周期，一方面验证了公司的竞争力，另一方面也意味着公司将进入一个全新的发展阶段。所以，5 年发展目标的科学制定，对于创业公司的发展至关重要。

这个阶段，创业公司应该全面实行差异化的聚焦战略。具体来说，就是聚焦在一个细分品类，聚焦到核心产品、聚焦到核心市场、聚焦到核心团队。为什么要特别强调这一点？因为 99% 的创业公司都活不过 5 年，且症结都可以归结于无法形成有效的聚焦。

在这个阶段，创业公司的状态很像一只猴子，心性非常浮躁。贪婪、虚荣、侥幸等，是很难逾越的人性鸿沟。因为贪婪，追求大而全，这个想做，那个也想做；因为虚荣，活在一种面子上的自我陶醉里，想尽办法，用一切不切实际的花哨的活动博人眼球；因为侥幸，口号喊得震天响，觉得只要确定了目标，大家行动起来就能干成。东一榔头，西一棒槌，把钱亏得差不多了，又诚惶诚恐，畏首畏尾，患得患失。

所以，5 年一个周期，在战术上可以灵活机动，但在战略的实施上必须坚如磐石。聚焦、聚焦，再聚焦，所有的一切，都要围绕核心市场进行打造，围绕核心产品进行打造，围绕核心团队进行打造，围绕核心文化进行打造。而所有的这一切，都要聚焦于公司核心竞争优势的打造。唯其如此，才能引领创业公司跨越最艰难的前 5 年。

三、树立年度发展规划

毫无疑问，创业公司第一年的年度规划要紧紧围绕三个字来进行，那就是：活下来。但是这个“活下来”，不是一顿胡乱操作，而是更持续、更有效、更具未来爆发力地“活下来”。

前面，我们已经在5年发展目标中提到过，聚焦核心业务是前5年每一年都必须牢牢坚守的战略原则。因为一年的周期，相对来说，预见性更强，所以一年的发展规划要力求精细，无论是军事斗争，还是市场竞争，都要认可一个说法：慎初战，初战必胜。所以在第一年的规划中，要找准这个“突破口”，因为这是能否形成有效突破的关键。

所以，**一个契合创业公司第一年的发展规划应该明确以下五方面的内容：1. 重点突破的核心产品；2. 重点突破的核心市场；3. 重点配备的核心团队；4. 务必达成的销售目标与利润目标；5. 达成目标所需的核心资源配备。**

年度发展规划还要注意三点：1. 谨慎，要充分掌握竞争现状和趋势分析；2. 要充分计算各方面的资源配备；3. 要有AB方案，如果因为一些突发的情况不得不调整A方案，就要迅速启动备选的B方案。

《孙子兵法》计篇特别强调：“多算胜，少算不胜，而况于无算乎？”创业非儿戏，必败的判断比必胜的把握要重要得多。真正的胜利，从来不是运气碰出来的，而是计算出来的。在制订年度发展规划的过程中，确定目标其实就是一个反复计算的过程，计算自己胜算几何。毛主席说“不打无准备之仗，不打无把握之仗”，说的就是这个道理。

很多创业公司活不过第一年，就是因为在年度发展规划上出了问题，草率而侥幸，贪婪而冒进。须知，团队都是打胜仗打出来的，没有胜仗，再好的团队，也会作鸟兽散。

定策略

确定了清晰的目标后，接下来就是一个关键问题，即如何才能到达那个地方？哪条路径是最清晰的？这条核心路径，就是策略。长期的策略称为战略，短期的策略称为战术。下面，我们就以年度规划目标为例，具体阐述一下三大核心策略应该如何制定。

一、产品策略

产品策略是最核心的策略，如果产品不好，后面采取任何策略，都将无济于事。产品策略的制定需要明确这四个关键要素：核心人群、核心卖点、核心价位和核心场景。

产品是用来销售的，凭什么能够卖掉，凭什么能够卖好，关键是要处理好“人、货、场”的关系，所以制定产品策略的时候，必须清晰地回答四个核心问题：谁、在什么样的场合、基于什么样的原因、愿意花多大的代价来消费你的产品。只要搞清楚了这 4 个问题，也就清晰地解决了产品的策略定位的问题（见图 3–2）。

图 3–2 产品策略核心四步

第一步，界定核心消费人群，洞察消费行为。

洞察的关键点主要是性别、年龄、消费能力水平、消费行为的核心痛点等。比如，白酒消费主要以中年男性为主，汽水饮料消费以女性或青少年为主。白酒的消费几乎涵盖所有社会阶层，饮料同样如此。这些都是大消费行业，需要进行市场细分，这决定着后面价位选择的问题。

核心痛点，其实就是消费时消费者最忌讳或最担心的地方。事实告诉我们，很多痛点都是伪痛点，抓不准痛点，后面的卖点就会不痛不痒，无法形成对消费者的有效刺激。所以痛点并不是消费者最需要什么，而是消费者最担心什么。比如，某凉茶品牌的“怕上火”就是一个很好的痛点。

对于大众白酒来说，“怕上头”同样也是一个不错的痛点。比如，“驴踢马北京二锅头”，作为新一代北京二锅头，改变了传统二锅头辛辣刺激的印象，主打“不上头”。为了把这个痛点放大，直接从产品名切入，起名叫“驴踢马”。然后把产品宣传语确定为：“为何驴踢马？就是不上头！”

第二步，确定核心卖点。

什么叫核心卖点？核心卖点就是核心痛点的信任状！就是消费者凭什么相信你。更重要的是，消费者凭什么相信你可以解决他的痛点。最好的产品名往往能够代表这款产品的核心卖点，比如，“梁大侠柔和高粱酒”就是奔着两大消费者的痛点去的：一个是物质层面的，一个是精神层面的。

物质层面的痛点主要是，年轻人觉得白酒口感太烈，因此需要关注入口的舒适感，于是梁大侠定位于柔和型口感；精神层面的痛点，就是大家觉得白酒消费太讲面子，这其实是人性的弱点——虚荣。于是便定位为侠文化，就是真诚、坦诚，像大侠一样本色洒脱、至情至性。由此产品名就确定为“梁大侠柔和高粱酒”。这个名字所体现的卖点，正是切中了核心消费人群的核心痛点。

第三步，确定核心价位。

营销学中经常会提到需求，那么，什么叫消费者需求？必须满足两个条件：一是消费者需要；二是消费者能够承担相应的支付能力。该支付能力对应的就是价位的选择。

营销界有一句行话叫"定价定天下"。不能打价格战，一定要学会打价位战，每个价位段都代表了消费者强大的消费惯性。同样以白酒为例。一瓶白酒的零售价为20元和30元，相差只有10元，但这代表了两个价位段。在一个市场中，可能对应的市场容量就会相差10倍，所以价位的选择至关重要。

确定核心价位，其实就是要树立产品在这个价位段的核心优势，需要兼顾到三方面的利益，即消费者的利益、渠道的利益和公司的利益。只有在这三方面找到合理的平衡点，切中的价位段，才能确保产品的竞争力。价位定得太低，渠道没有利益，渠道的推力就不足；价位定得太高，消费者的利益无法得到保证，终端的拉力就不够。定价策略是产品策略中最容易犯的一个错误，一定要高度重视，不能心存侥幸。

第四步，确定核心场景。

消费场景，直接决定着产品的定位。比如，主打宴席市场的白酒与主打餐饮渠道的白酒，就有明显的区别。餐饮渠道的白酒多以光瓶酒为主，宴席市场则要求必须盒装，而且相对来说，包装还要大气精美一些，以红色为主，这是我们必须尊重的常识和规律。此外，消费场景还能对定价起到决定性的作用。相对来说，定位礼品就比普通商品的毛利率要求更高，消费者对价格的敏感度相对要低一些，但对品牌的关注度更高。

总之，产品策略是最核心的策略，而产品策略的制定，必须分解到核心人群、核心卖点、核心价位和核心场景。这四个核心要素必须高度融合，清晰地回答“谁在什么样的场合，基于什么样的理由，愿意付出多大的代价消费我们的产品”，最终的答案就是产品的核心竞争力。问题回答得越清晰、越坚定，产品策略的定位就越精准，产品旺销的概率也会更高。

二、市场策略

如果说产品策略是要定位核心产品，那么市场策略就是要定位核心市场。从目前的发展现状以及未来发展趋势看，一款核心产品要想实现有效的突破，必须线上与线下相融合。线上构建旗舰店为核心，在各电商平台开设品牌旗舰店。以旗舰店作为主战场，针对核心消费人群打通流量、转化、复购三个关键环节。

现在，重点探讨一下线下市场的策略，即如何打造核心市场。

核心产品策略共包括了核心人群、核心卖点、核心价位和核心场景四个核心点。也就是说，市场策略必须清晰地回答，在什么样的区域，寻求什么样的客户合作，主推什么渠道，主选什么样的网点，来重点打造核心产品。市场即战场，确定核心市场，就是确定核心主攻方向。

第一步，确定核心区域。

我国是一个幅员辽阔的大市场，人口基数大，具有其他国家无法比拟的战略广度和战略深度。不同区域的消费差异度很大，有句古语讲得好："橘生淮南则为橘，生于淮北则为枳。"所以，核心区域的选定至关重要，否则极易水土不服。

要想改变一个区域的消费习惯，几乎是不可能的。一般来说，选择核心区域重点要参考三个要素：消费习性、消费水平和竞争格局。

比如，传统认为，北方人喝酒更厉害，事实上东北或西北地区的白酒消费量要远低于东南和西南区域。之所以会出现如此差异，主要是由经济发展水平决定的。经济发达的区域，应酬聚会相对较多，但为什么有很多白酒品牌是从北方市场崛起的呢？这里就涉及竞争格局的问题。比如，寡头型的市场，市场空间都比较小。如果想选择核心市场，就要综合考虑消费习性、消费水平和竞争格局三个因素，洞悉机会，然后结合产品策略综合评估自己是否具备核心竞争优势。

以一个新的椰汁品牌为例。如果选择海南市场作为核心市场，相对来说，就不如选择江浙市场更有机会。可见，产品符合当地的消费习性，价位段具有较大的市场容量，且没有一家独大的寡头品牌进行市场封锁，这样的市场就可以作为核心市场进行重点考虑。

第二步，确定核心客户。

核心客户的选择是市场策略的重中之重。如果把产品当作一个嗷嗷待哺的孩子，那厂家和代理商就是孩子的父母。父母之间的关系直接决定着孩子的成长，双方都需要承担孩子的培养重任，仅靠一方，是不可能取得有效突破的。有一句话说得好："厂商共建，威力无边。"这也是市场的基本常识和基本规律，所以确定核心客户的基本要素就是：理念是否高度一致？能力是否高度匹配，资源是否高度协同。

特别需要强调的是，一定要将理念的高度一致放在第一位，原因之一就是"赚快钱"的时代一去不复返了。过去几十年是改革开放巨大红利的释放期，到处都是机会，只要抓住一个机会，就能赚钱；现在是增量竞争到存量竞争的时代，特别强调精耕细作，强调理想主义、长期主义和专业主义。能否让这“三大主义”的旗帜在厂商心里高高飘扬，关键在于大家对产品和品牌承担的使命、愿景和价值观等是否保持高度一致。能力的匹配就是，双方不空谈理念，不空喊口号，能够拿出相应的、具体的方案，进行有效的分工协作。

一般来说，厂家负责市场策略的指引和培训，代理客户要做好执行的落地，要通过厂家的产品、营销、文化理念等赋能，帮客户打造一支能打硬战、能打胜仗的团队。

资源是否高度协同，主要是指厂家的市场投入必须明确而有力，主要包括广告投入、渠道投入、消费者投入等各方面；而代理客户必须做好人员、车辆、仓储物流等基本配置。

市场竞争是一场资源消耗战，集中有效资源形成有效突破，是考验厂商资源协同的关键。可以肯定的是，只要理念高度一致、能力高度匹配、资源高度协同，选对核心客户，基本上胜局已定。

第三步，确定核心渠道。

很多产品一上市，就一顿操作猛如虎，全面铺开。结果铺市率提高了，动销率却非常一般。不少网点经历一段时间的滞销后只能开始退货，市场口碑也持续下滑。如此，该产品基本上也就没翻身的机会了。究其根本原因，就是没有执行好“二八法则”，没有选择核心渠道进行突破。

那么，究竟如何选择核心渠道？唯一的原则就是，让核心消费者形成快速消费！同样以白酒市场为例。比如，普通的光瓶酒，定位于老百姓的口粮酒，必须将餐饮渠道作为核心渠道。为什么？因为消费者到了餐饮店，点上一瓶就会开喝。把这部分消费者的口碑通过餐饮渠道快速建立起来，就能进行全渠道的铺货和推广了。而高端酒的核心渠道一般都会选择有团购资源的名烟名酒店，因为餐饮店的高档酒消费基本上都是自带酒水。

第四步，确定核心网点。

确定了核心渠道后，要进一步确定核心网点。以刚刚列举的光瓶酒的推广为例。确定了餐饮作为核心渠道推广，但餐饮渠道的类型很多，有不同的消费价位段，也有面向不同消费人群的。以粱大侠为例，确定的核心渠道就是餐饮渠道中的“新四大江湖菜系”，即火锅、小龙虾、烧烤、大排档等以年轻人聚餐为主的餐饮店。

启动一个市场的时候，需要围绕核心渠道的这四类店全面铺开，将市场渗透率做到最高；然后，关注聚焦问题，选择部分网点进行重点投入，即核心网点的确定。

核心网点确定的唯一原则是：能够实施饱和攻击，建立压倒性的优势！核心网点需要作为市场推广的“碉堡”存在，这符合曾国藩提倡的“结硬寨，打死仗”的思想。

既然要做市场，就不要抱怨自己的资源不够，倒不如通过聚焦，想办法找到突破口。在前文已经提到过，人人都懂得聚焦，但很少有人能够战胜人性，舍得放弃，耐得住寂寞，真正把资源集中起来突破。即使是暂时性的放弃，对于人性中的贪婪和侥幸，也是一个巨大的考验。

核心网点是产品在市场消费者心里落地生根的地方，如果能达成目标，花再大的投入也值得。至于能否实施饱和性攻击，主要取决于网点本身的影响力和网点的客情维护。一般来说，很少有市场的网点能形成铁板一块。狭路相逢勇者胜，这个“勇”不是逞匹夫之勇，而是各方面的有效组合。

总之，理顺了四个环节的基本原理和关键逻辑，市场就能立于不败之地。在前面我们反复强调过，市场的竞争，本质上就是谋略和思想的竞争。看不清背后的逻辑或懂得一点儿皮毛，没有进行有效的贯彻和执行，只能是一顿瞎搞或瞎折腾。新品的推广率为什么这么低？核心就在于，使用的产品策略和市场策略出了问题，还没有出手，败局就已定。其实，清晰的产品策略和市场策略就是《孙子兵法》中提到的“上兵伐谋”。洞悉本质、看清规律、顺势而为，这才是市场的“智胜之道”。

三、推广策略

推广策略是基于产品策略与市场策略确定之后的最后一步，也就是落地的策略。

推广策略必须确保产品策略和市场策略的有效实施，因此，推广策略有其需要坚守的基本原则。比如，基于二八法则的聚焦、执行的速度和效率等。

经过长期的市场营销实践，我把推广策略总结为“九字真言”，就是：基本面、突破口、引爆点。具体的实施步骤应该为：强化基本面、聚焦突破口、点燃引爆点。

1. 强化基本面

在市场推广的过程中，很容易陷入一个误区，就是聚焦原则的运用。认为既然要聚焦，就盯着少部分网点去看，会混淆了一个基本概念。其实，聚焦就是大中取小，多中求少，没有大和多的基础，聚焦这个基础也就不存在了，这个原则自然就靠不住。

这里所讲的基本面一般包括三方面：覆盖率、陈列面和氛围度。

（1）覆盖率。就是市场铺货的广度和深度。覆盖率是推广的第一步，覆盖率不高，所有的推广都会沦为空谈。原因很简单。你必须解决消费者买得到的问题，消费者买不到你的产品，解决消费者的需求岂不是一句空谈？

（2）陈列面。就是产品在货架上的陈列表现。不能形成有效的陈列，铺货就是无效铺货。举个简单的例子。市面上有很多超市，有些产品的陈列就很有气势，消费者只要一看到，就会产生一种想购买的冲动和欲望；有些产品则孤零零地躲在某个小角落里，消费者如果不仔细看，根本就感受不到它的存在。因此，为了吸引消费者，陈列面就要尽可能地大、尽可能地整齐、尽可能地居于消费者视觉的中心地带，以便形成有效的冲击力，促进销售。

（3）氛围度。就是借助产品以外的宣传和促销的物料，营造一种旺销的氛围。常见的载体有门头店招广告、海报、灯箱等，氛围度越浓，越能给消费者制造一种强烈的产品旺销的暗示。

因此，必须强化“覆盖率 + 陈列面 + 氛围度”的基本面工作，因为这是系统性地解决消费者“买得到、看得到、想得到”等问题的关键；而好的基础面工作，能够给消费者形成排山倒海的感官刺激，在广告、公关等活动上做太多的虚头巴脑的事情都无济于事。所以，真正的营销高手都会把这句话奉为真理，那就是：“基础不牢，地动山摇！”

2. 聚焦突破口

产品的动销，必须聚焦到少数核心网点上，这就是聚焦突破口。那么，具体如何实施呢？一般来说，有三个方法：亲密客情、免费试用和心动促销。

（1）亲密客情。这是实施聚焦突破的前提。中国是一个人情社会，网点的客情是产品销售的第一驱动力。好的客情，意味着好的陈列位置、好的陈列排面，更意味着好的推介，因此很多公司都会把网点老板视作“金牌促销员”。要想赢得亲密客情，就要动之以情、晓之以理、亲之以利。

a. 动之以情，就是要做好日常的拜访和问候，特别是一些售后服务工作，更要坚持做好，在网点老板和服务员之间建立良好的关系，赢得对方的信任。

b. 晓之以理，就是必须把产品的定位和销售前景跟对方讲清楚，让对方确信这是他们需要的长期销售的好产品。具体来说，可以从品质、包装、产品故事等各个方面展开。

c. 亲之以利，就是要将利益讲清楚、给到位，没有利润的竞争优势，就无法建立客情。利润的竞争优势主要来自相对较高的毛利率以及产品的周转率，特别是产品的消化速度，决定着网点资金的周转率。

片面地以为网点追求的是绝对的高毛利，只要解决了高毛利的问题，就解决了客情问题，是绝对错误的。所以，要想确保产品在同类竞争产品中占据一席之地，就要对网点的拜访最勤快、售后的工作处理得最及时最彻底、网点对产品的理解最全面、周转的速度最快、综合的利润贡献最高，牢牢建立一种亲密客情，进入发展的良性循环。

（2）免费试用。这是广告大师奥格威特别推崇也是最有效的一种新品推介方式。道理很简单，对于消费者来说，不试试怎么知道你的产品到底怎么样？所以，免费试用是建立消费者初始信任度的最有效方法。

免费试用的操作要点就是，让第一批客户获得沉浸式体验，形成有效的“卖点传播”。现实中，很多商家开展的推广活动仅停留在“播”的层面，并没有形成“传”，这是“播而不传”。只有“卖点传播”，才能在免费试饮推广的过程中，对消费者形成强烈的感官刺激。

所谓感官，就是味觉、触觉、嗅觉、听觉、视觉等。比如，推广人员服装的安排、产品的陈列展示、话术的感染性和穿透力、试用过程中的提醒和呼应等。只要将这些种子植入消费者的心中，不断生根发芽，就能让产品在一个区域经过一段时间的推广扎下根来。

（3）心动促销。产品形成一定的动销基础后，要通过促销活动的开展，强化与消费者的互动，有效刺激消费者的消费频次。心动促销的关键是心动，是否心动，必须以发展的眼光来看。过去心动的放在今天未必合适，现在信息巨量爆发，跟过去已经完全不在一个量级，促销活动越来越难做，因为消费者的注意力阈值越来越高。但是，在策划促销互动的时候，依然有原则可循：首先，简单直接粗暴地直击人性痛点，将基本的人性与目标消费人群，基于核心消费场景进行连接互动，挖掘促销活动的关键创意点。特别强调的是：

a. 简单、直接、粗暴。不要跟消费者捉迷藏，占用消费者的注意力越少，形成的条件反射可能就越强烈。比如，“再来一瓶”活动，对于很多快消品的促销就非常有效；

b. 集中爆破，必须在一个时间段内形成爆破效应，这就是《孙子兵法》

中提到的“其势险，其节短”！只有将资源集中在一个时间段内形成爆发，才能引起消费者的关注，否则很容易将花的钱打了水漂。

c. 持续跟进。集中一段时间的集中爆发后，消费者会对促销活动形成一定的依赖，这时可以持续跟进。比如，适当降低活动预算，保持消费者互动的长期连贯性，才能不断强化利益点的刺激，形成消费依赖。

3. 点燃引爆点

对于一个市场来说，当基本面被夯实，且在局部点形成有效突破时，就要将火烧大一点，彻底引爆市场。引爆市场的关键就在于要找准并点燃引爆点。而点燃引爆点在具体实施上共有三个方法：广告投放、主题活动和事件营销。

（1）广告投放。这种方法理解起来比较容易，关键在于投放时机的选择、投放内容的策划、投放体量的制订。具体来说：

a. 投放时机的选择。很多人都认为砸开一个新市场后，首先要广告先行。在过去这种方法确实行得通，也非常有效，因为那是一个注意力稀缺的年代。但是，在增量市场转入存量市场的今天，奢望通过广告一下子轰开市场是不现实的，只能让自己的巨额广告打了水漂。原因就在于，人性中的贪婪和侥幸。广告投放就在于一招制敌、一举引爆，但背后的条件必须成熟，就是基本面和突破口。

b. 广告内容的策划。要坚持三条基本原则：第一条原则就是容易被记住，形成强烈的感官刺激；第二条原则就是容易被打动，形成强烈的条件反射；第三条原则就是容易被传播，形成强烈的分享冲动。三条原则都涉及心理学的一些基本原理，都是从最基本的人性角度出发，需要将产品的卖点与消费者的痛点、痒点有效结合在一起，激发需求、建立信任、刺激购买。

c. 投放体量的制订。唯一需要坚持的一条原则就是：打透！要牢记这句话："广告不打透，就是打水漂。"因为广告预算太少，实际费用太少，或不懂得聚焦，只能将前面的投放广告变成浪费。广告是一场消费者心智的争夺战，必须形成压倒性的信息灌输，否则谁会记得你的产品？更不会购买你的产品。

（2）主题活动。一般以主题性的整合营销传播活动为主，包括线上和线下的联动。比如，对于快消品来说，一年中必须做两大主题活动：一是中秋主题营销活动；二是春节主题营销活动。如果加上一个，那就是端午节了。一个有效的整合营销传播活动，一般涉及三方面的内容：针对渠道的促销活动、针对消费者的促销活动、针对消费者的广告传播活动。主题活动引爆的市场核心逻辑只有两个字：整合。所谓整合，就是有效的联动，从后端到前端，从厂家到代理商到网点再到消费者，通过一次活动，将所有的要素都带动起来、整合起来，引发消费者认知的改变。

（3）事件营销。事件营销包括很多形式，以主题性的公关活动为主，比如代言人签约、体育及娱乐活动赞助等。当然，事件营销也包括病毒营销，其特点就在于传染性极强。所以只要执行得当，借助社会化媒体的推广发酵，往往都能起到"四两拨千斤"的作用。

类似于武侠各大门派，如果说广告投放和主题活动都属于少林、武当、峨眉等名门正派，那病毒营销就有点儿像日月神教等剑走偏锋了。现在每天在微博和抖音上看到的热搜事件，基本上都是基于这种原理。特别是本地化传播的盛行，比如本地网红、本地公众大号等，都为某个区域创造一个热门话题形成了有效的资源条件。这也是新兴品牌引爆市场的核心打法。

但是，这种“病毒营销”来得快，去得也快。虽然能很好地起到引子的作用，但完全寄希望于其引爆市场，在当下及未来的传播环境来看，可能性已经很小。所以，要想借助事件营销、病毒营销引发关注，更多地还依赖于系统性的主题公关活动的策划与执行。

做计划

《六韬》里有句名言：“凡谋之道，周密为宝。”这句话告诉我们，做计划的时候，越周密越好。但是，我们也要辩证地去看待这个周密，要尽可能地周全，并与实际情况尽可能地密切贴合，绝不能形成事无巨细的条条框框。

在执行的过程中，很多时候，都是计划赶不上变化，但也不能因此而不做计划，否则工作就会是一地鸡毛、一盘散沙。因此，要想科学地做好计划，首先就要有一个清晰的思想脉络。经验告诉我们，做计划，关键要把控好三点：执行节点、执行标准和执行要点。

一、明确执行节点

工作目标，涉及长期战略目标、五年发展目标和年度规划目标。与之相对应，计划也分为长期计划、五年计划和年度计划。但是，无论计划制订的长短，每个计划都有其关键节点。这些关键节点能够有效反映目标达成过程中工作演变的客观规律。打个比方，从这些节点中，可以看到，溪是如何汇流进河，河是如何汇流进江，江是如何汇流进海，最终在关键节点上绘制出“百川归海”的计划蓝图。所以，在确定执行节点时，要通过逆向倒退。

创业，如同一群人通过不同的路线出发，在不同的阶段，在某一个点形成汇合，然后又分开进发，最后顶峰相见。大势如同天上的变幻风云，目标如同一座山，山体的不同部分就是规划的不同阶段目标。策略就是确定的路径，计划就是详细的路线图，执行节点就是计划中需要明确的具体时间段和所处位置。

要想科学明确地执行节点，必须以对大势、目标、策略等的判断和确定为依据。必须一环套一环，从可能性中确定必然。这些关键的节点有三条主线：产品推广的进度、市场培育的进度、团队发展的进度。

产品推广的进度包括核心产品的上市和推广、产品线的延伸和升级、战略新品的发布规划等。

市场培育的进度包括样板市场的打造、板块市场的覆盖、新市场的进入等。

团队发展的进度则包括核心合伙人团队的发展、中层核心干部群体的引进和培养、企业文化的渗透和形成等。

这三条主线，在其关键的节点上，都必须形成强烈的对应关系，否则执行就成了空话。没有好的产品，就无法孕育好的市场，也不可能孕育好的团队；反之亦然。

二、明确执行标准

明确了执行节点，执行标准就会相应地呈现出来。

执行标准关键在于有机的统一性。在产品发展的执行节点上所明确的标准，必须与其对应的市场发展主线和团队发展主线的执行节点的标准，达成有机统一。

在标准上，只有形成高的契合度，才不会出现匮乏或浪费的情况。举个例子：按照公司年度计划，第三个季度某个市场的销售额必须达到1000万元。在产品执行计划中却没有新品上市的具体进度，团队发展计划中没有相应的销售人员引进计划，无法达成销售计划……这就是执行标准没有有机统一，也是做计划时最容易犯的错误，即拍脑门做计划，要么闭门造车，要么画饼充饥。

制订执行标准，必须遵循三个基本原则。

1. 明确

只要能用数字量化，就尽可能地用数字量化，最忌讳的就是模棱两可。标准不明确，执行多半都会走样。对人性不要心存任何侥幸，因为标准与考核紧密相关。举个例子：要求市场占有率第一名，其实这个数字并不好量化，第三方数据的可信度也不一定那么高，怎么办？直接体现在销售额上即可。不仅一目了然，大家也没有争议，更利于考核。

2. 系统化

要将产品、市场和团队三条主线达成有机统一，从系统上建立标准，而不是分段式割裂。

3. 灵活

有一定程度的留白，留下一定的弹性，更有利于后期做修正和优化。

三、明确执行要点

在关键的执行节点上，制订关键的执行标准。仅有这个计划，还远远不够。如同我们只是给出了基本的路线图，并没有形成有针对性的指导方针和支持政策，目标和计划的达成仅仅是一句空话。

执行要点就是在关键执行节点上，通过指导性的纲领和政策形成关键的打法要诀。比如，在团队发展计划的第一年，执行标准是有效发展 5 个合伙人，执行要点是什么？在这个阶段，进行大量的外部招聘并不合适，必须通过内部培养，打造自己的种子团队。所以执行要点就是创始人团队，必须动员身边的一切关系和资源，引进并培养内部合伙人。

要点就是关键点，执行要点的明确，主要依赖于公司的管理团队。因为只有管理核心团队才能看清问题的真相，并提出解决问题的有效办法。所以，执行要点的明确必须高屋建瓴、一针见血。**高屋建瓴是指，必须站在全局的角度去分析问题和解决问题。如果一个层面的问题在这个层面无解，就跳到更高的层面去解决。一针见血地直达问题的本质，是一种本能，这也是组织最核心的竞争力之一。**

最后，要特别强调的一点，就是一旦制订了计划，也就明确了执行节点、执行标准和执行要点，然后就要上传下达，做好动员和培训。真正的计划都能刻印进团队每个成员的脑子里。也只有这样的计划，才能有效地指导执行，否则计划就是一纸空文。通过计划的层层宣导、反馈和打磨，才能实现大家思想的高度统一，思想一致、目标一致、行动一致，才能天降神兵，如有神助！

带队伍

带队伍计划是所有创业者最大的痛点，特别是在今天的社会。

过去是增量社会，改革开放爆发出巨大的机会红利，再加上人们的生活水平相对比较低，公司招人自然就相对容易得多，也稳定得多，干起活来干扰性还很少。现在呢？已经进入生产过剩严重的存量社会，内卷成为常态，把握一个机会，并不能让你取得成功。加上工作的主力已经变成80后、90后，甚至00后，他们过过多少苦日子？整个社会的马斯洛需求层次已经往高阶演进，招人越来越难；而且，即使招来了新人，干扰性因素也很多。比如，刷抖音、刷微博、刷朋友圈的碎片化时间占据工作时间越来越多。所以一个不争的事实是：队伍越来越难带。

小时候我生活在湖南衡阳农村，20世纪90年代看过一部电视剧叫《外来妹》。那时候，身边的哥哥姐姐几乎都去广东打工，过年回老家的时候，总能出现一支浩浩荡荡的队伍，至今印象深刻。那个年代，广东的发展主要依赖大量农民工的拥入，也包括很多大学毕业生的南迁。

现在对比再去看，工资翻了几倍，企业用工荒却依然存在。

我的一个同学在深圳开厂，因为找不到人，只能搬到东莞，现在搬到了肇庆，最后搬到了老家县城，但依然不容易招人，这就是现实。特别是对于多数平民出身的创业者来说，没有资源，没有队伍，凭什么赢？这就是创业成功率低的根源。创业者没办法凝聚起一支队伍，更不能在不断打胜仗中壮大队伍。如此，除了绝望，除了放弃，还有什么办法？

其实，情况并非如此！在我的视频号“傅治纲创业日记”中，提及创业的三种模式：梁山泊模式、上海滩模式、井冈山模式。

1. 梁山泊模式

主要是通过兄弟情义和对机会大胆的把握，取得成功，也就是所谓的“富贵险中求”“有难同当、有福同享”。这种**创业逻辑在今天已经很难成功。**

2. 上海滩模式

是一种权贵资本主义模式，就是指通过借助资本的力量，为 IPO 而创业。成功的概率看起来很美，但对于多数平民创业者来说，机会同样渺茫。除非是在高科技创新领域——有突破性的创新和巨大的时代风口。

3. 井冈山模式

其实就是一种独立自主、艰苦创业的模式。在过去灾难深重的旧中国，在强敌环伺的情况下，采用这种模式，能够取得巨大的成功，背后的秘诀到底是什么？从中可以挖掘出哪些关键性的带队伍的指导原则？事实证明，这条路才是带队伍最正确的路，只不过对创业者自身提出了更高的要求，更考验创业初心。

具体到如何带队伍，总结起来就三大要点、24 个字：建立共同信仰、形成统一思想、树立先进典范。

一、建立共同信仰

共同信仰是公司的使命、愿景和价值观。如同一个人一样，企业也需要“立大志”，企业的志向，就是使命、愿景和价值观。

所谓使命，就是公司为什么而存在：是为了解决什么样的社会问题而存在？存在的价值和意义体现在哪里？

所谓愿景，就是为了实现使命：公司必须发展到什么样的状态？发展到什么样的水平？

所谓价值观，就是企业在发展过程中，必须坚定践行的核心原则是什么？

使命、愿景和价值观之所以如此重要，根本原因在于，解决了新一代组织成员的工作价值和工作意义的问题。过去他们纯粹地只是为了解决温饱问题，现在他们不仅要赚钱养家糊口，还要追求人生意义和个人价值。

春秋时期齐国管仲说过一句话：“仓廪实而知礼节，衣食足而知荣辱。”全国人民都在奔小康了，你却只知道赚钱，几个人愿意跟你干？你成功突破的可能性有多大？你到底靠什么坚持？所以，从文明的演进来看，今天或未来，不管是什么规模的公司，都需要将文化建设放在第一位。

那么，到底如何才能建立起共同信仰呢？只有一个办法，从创始人开始，到合伙人，到核心骨干，再到普通员工，一层一层像洋葱一样剥开。文化建设必须从“火种”开始抓起，首先就是创始人。创始人必须破他的“心中之贼”，在践行公司使命、愿景和价值观上保持高度的知行合一，才能够对合伙人造成影响，进而把这种影响力一层一层向外拓展。

文化是公司最核心的竞争力，也被称为软实力。一般来说，创业公司的硬实力都不够。没有多少资金，没有多少团队，没有多少资源，怎么办？只能靠软实力，于是文化也就成了创业公司的救命稻草！很多创业公司之所以会忽略这个问题，原因之一就是创始团队认知出了问题。那么，如何才能有效建立共同信仰呢？

第一步，建立符合公司发展规划的使命、愿景和价值观。这一点与创始人的志向息息相关，创始人是"立大志"，还是"立假志"甚至"不立志"，决定着共同信仰是否真实存在。

第二步，从创始人和核心团队开始，在灵魂深处以此为信仰，企业文化做到"知行合一"。知行合一是儒家的思想，儒家思想的核心只有一个字：诚。所以，要想知行合一，就要做到诚，不仅不能欺骗别人，更不能欺骗自己。文化是公司的灵魂，很多创始人之所以会感到焦虑，多数原因就是没有灵魂、魂不守舍。

第三步，以文化为核心标准，选出志同道合的伙伴。世界上存在形形色色的人，不是每个人都必须和你志同道合。当工作问题暴露出来时，就要进行分析和解决，识别哪些人是真正认可公司文化、践行公司文化的人。遇到这样的人，就要多给他们机会，激励他们多创造价值。只要抓好了文化建设，共同信仰就会成为一座灯塔、一轮红日，有效激发、唤醒、吸引更多的同路人，让混在队伍中的"南郭先生"无处遁形。

通过以上三个步骤的循环，公司的文化就会变得越来越纯洁，越来越体现它的先进性，共同信仰也能一步步建立起来（见图 3-3）。

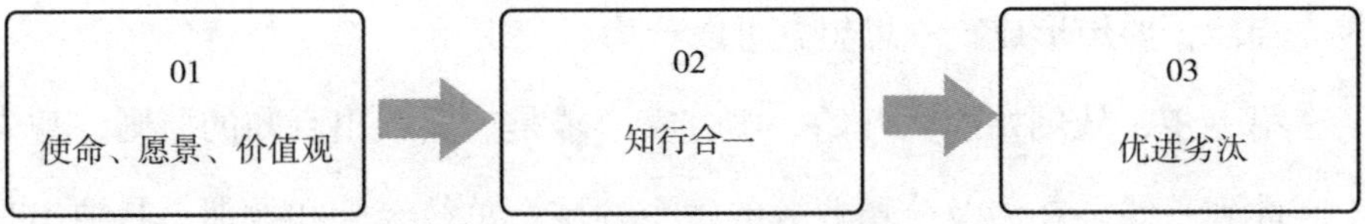

图 3–3 公司建立信仰三步

二、形成统一思想

统一思想，就是公司的路线、方针和政策。路线是指，要想顺利到达目的地，需要选择什么路线。方针就是在每个关键路口的方向指引。政策就是在赶路过程中需要的制度保障。路线、方针和政策，有机地组成了公司的战略战术。

建立共同信仰，解决意义感和价值感等问题，形成统一思想，就能解决方向和方法的问题。这也是公司执行力提升的根本。其实，也对应了前面提到的“吃大苦”的章节。建立共同信仰就是磨砺心性，形成统一思想就是提升认知和精进技能。

形成统一思想，就是要使得成员对公司的战略路线、战术的指导方针和配套的政策资源，达成高度的思想一致。

统一思想才能统一行动，步调一致才能打胜仗，前面提到的推广策略的“九字真言”，就是一个典型的指导方针。只要营销人员都深度理解了这个指导方针，进行区域推广的时候，就会牢记九个字：基本面、突破口、引爆点；然后，再进行展开，丰富里面的内容，并附上翔实的作战案例，并不断总结出经验和教训。做市场推广，也会更有章法，即使是一个刚毕业的实习生，也不会一顿瞎打乱搞。可见，形成统一思想，就是能让团队远离散兵游勇式的“流寇主义”并建立核心竞争优势。

当然，要想形成统一思想，可以分为三步走：

第一步，从创始团队开始，本着实事求是、实践出真知的原则，身先士卒冲到一线。在涉及公司业务的每个领域，总结经验和教训，归纳出有效路线图，标记好指导方针，出台相应的支持政策。

第二步，从核心团队开始，不断推广这些路线、方针和政策，强化训练，强化在工作实践过程中的运用，不断优化，不断丰富，形成具体的书面指导性文件。

第三步，强化指导性文件的常规性训练和执行总结，不断贯彻和落实。比如，开展类似“百日大比武”的运动，有效实施奖罚，不断强化思想的高度统一。

三、树立先进典范

团队的共同信仰和统一思想，可以在先进典范的身上淋漓尽致地体现出来。

考核管理是管理的重中之重，是最终是否落实共同信仰和统一思想的核心标准。整天只知道喊口号、搞培训，没有考核，没有先进典范，这样的组织不会存在多久。

因此，带队伍必须“三管齐下”：抓文化建设、抓战略战术、抓考核管理。这其实也对应了《孙子兵法》中计算胜利的“七计”：主孰有道？将孰有能？天地孰得？法令孰行？兵众孰强？士卒孰练？赏罚孰明？树立先进典范，紧抓考核管理，就是要做到“赏罚分明”。

那么，到底如何才能有效树立先进典范呢？简单来说，分为三步：熏陶他、训练他和成就他。

第一步，熏陶他。熏陶靠什么？靠共同信仰，靠企业文化。树立先进典范的时候，很多人都会广撒网，层层筛选，不能被企业的使命、愿景和价值观吸引的人，就会被逐渐边缘化。能否通过文化熏陶到一部分，一方面取决于文化本身的深度和厚度；一方面也取决于个人的心性。可以肯定的是，能被企业文化熏陶的人，整个状态绝对完全不同。能最大化地激发个人潜能，就是企业文化赋能的作用。

第二步，训练他。就是要强化战略战术的实战训练，不断进行有效的轮岗，更全面地理解公司的运行机制。关于这一点，无论是优秀公司的接班人培养，还是各类战争和商战的影视剧中，都有所体现。这是一个不断与公司的战略战术强化形成统一思想的过程，练就的是战略思维和战术技能。

第三步，成就他。如何成就？当然就是把他放在重要的岗位上去锻炼，完整地实现企业对个人的三大赋能：文化赋能、思想赋能和平台赋能。一般来说，只要经过层层筛选，早晚都会出成绩。一旦取得了大成绩，先进个人或先进团队的典范也就诞生了。

当然，这三个步骤不可能完全按照先后顺序进行，这只是说明基本的逻辑。因为先进典范有大有小，有个人有团队，不同的岗位贡献度相差很大，但是荣誉本身无轻重之分。以我之前的工作成长为例。当时我以管培生的身份进入公司，对公司文化有着一种天然的认同，不仅倒背如流，还会经常有意识地激发自己的奋斗精神。我之所以能在毕业不到 5 年就出任全国市场总监，一个很重要的原因就是我是土生土长的，在进入公司的前几年，进行了密集的调岗和训练，熟悉了一个品牌的生产、推广和销售等逻辑。当年，我策划了“春节回家互助联盟”，最终成为一个社会热点事件，中央电视台新闻频道还进行了专题采访和报道，极大地提升了品牌的美誉度和社会影响力。

文化的持续赋能、思想的持续赋能，是最好的过程！所以，企业创始人一定要将文化的考核、思想的考核，一起放进 KPI 的考核。

总之，带队伍，是创业最难的部分，也是创业过程中最有成就感的部分。为什么这么说呢？因为中国长期受到儒家思想的影响，儒家讲“己欲立而立人，己欲达而达人”。创业成功的背后，是一群人通过快速成长实现命运的扭转！

通过建立共同信仰，营造一片精神穹宇；

通过形成统一思想，展开一片奋斗地图；

通过树立先进典范，开好一场表彰大会；

……

这些都很好地诠释了奋斗的意义、奋斗的方向和奋斗的价值。

做到了以上几点，也就参透了带好队伍的本质。

筹资源

创业如同发动一场战争，本质上就是资源消耗战。缺少必要的资源支撑，创业就是一句空话。

关于资源，我们往往容易陷入两种极端主义错误之中：一种极端是唯资源至上，认为创业的成功本质上是资源的堆积，创业成功的人都是因为命好或运气好，能够筹集更多的资源，普通人不要想：一种极端就是空想主义，觉得面包会有的，啤酒会有的，人有多大胆，滚滚而来的资源就有多少。

这两种思维都不可取，因为它们都忽略了事物本身的动态发展和客观规律，必须从唯物辩证法的角度来看待创业筹资源的问题。

资源的筹集主要涉及三方面的内容，具体是财务资源、人力资源和渠道资源。这三大资源也是创业最核心的资源。

一、财务资源

说起财务资源，很多人首先想到的是融资。

融资一般分为机构融资和个人融资。一直以来，我都坚信，只要能够融资，就尽量融资。但融资，不仅有条件，还要讲原则。

1. 机构融资，门槛很高

最近几年流行一种风气，就是创业的第一步就是策划一个好的 BP（商业计划书）。从本质上说，通过机构融资肯定是奔着 IPO 去的，所以要核实自己的创业项目是否具备 IPO 的条件，不仅要具备核心技术，还要符合趋势和潮流并受到政策保护。这样的项目本来就是万里挑一，有些人为了融资而融资，打着各种概念融资，左手倒右手，暗箱操作，就会严重背离创业的初衷。另外，为什么机构融资也要讲原则？主要是为了尽量避免签苛刻的对赌协议。一旦创业失败，创业者就要承担无限连带责任，对个人和整个家庭带来致命的打击。

2. 个人融资

选择个人融资，一方面看中的可能是 IPO 带来的巨大收益，但更多的还是利润分红。

当然，无论是机构融资，还是私人融资，本质上都跟银行借款差不多，都会涉及赎回机制，除非公司破产，唯一不同的是银行需要抵押。

除了融资，还有哪些办法可以筹措财务资源呢？最有效的是以下两个办法。

1. 自己筹钱

有人可能会说，这不是废话吗？其实，这代表了一种态度、一种价值观。多数情况下，用自己的钱创业，其实心里最踏实。创业必须冒一定的风险，但是要控制好风险，如果不能有效控制风险，至少说明创业的时机还没到来，继续好好工作，攒够了钱再出发也不迟。关于筹钱创业的原则，我说过一句话："为家人留好后路，为自己找好出路。"为家人留好后路，即使创业失败了，也能保障家人的基本衣食住行。创业必须把控制风险放在第一位，不能因创业失败而搞得妻离子散、家破人亡。这不叫创业，只是为了一己私心瞎折腾。

2. 公司内部筹集资金

主要分为两种形式：一种是原始股东出资，必须制订好公司章程，说清楚责权利，避免内耗，能书面化的东西尽量书面化，摆原则，讲合同；一种是通过有限合伙人公司的平台，公司内部员工和外部关联方都可以认购股份，共享投资收益，还能有效控制投资风险。

二、人力资源

人才是创业的根本，如何才能有效地吸引和招募人才？在前面"带队伍"的章节中，我详细谈到了三点：建立共同信仰、形成统一思想、树立先进典范。但是，这些人到底从哪里招募来，招募的原则到底是什么？

长期的实践告诉我，创业公司筹集人力资源必须遵循两大基本原则：稳定压倒一切，发展才是硬道理。

1. 稳定压倒一切

也就是说，创业公司必须保证初创团队的稳定性。对于任何一个公司来说，前期最大的成本就是人力成本，人员的频繁流动，只能加剧这种成本负担。创业至今，我的初创团队都比较稳定，前期招募的对象主要是"三同"：同学、同事和同乡。事实也证明，这"三同"更有利于发展出志同道合的"同志"，更容易建立彼此的信任度。

湘军的战斗力为什么那么强？因为相对八旗和绿营兵来说，湘军的招募发生了根本性改变。湘军内部都以亲密的同乡、亲戚关系作为情感纽带，胜则举杯相庆，败则拼死相救，组织的稳定性和凝聚力完全不在一个层面上。

因此，在招募伙伴的时候，要尽可能地从同学、同事和同乡中去选择，打造稳定的核心团队。在创业早期，90%的成败都系于创始人一人，因此，搭建稳定的团队至关重要。随着企业越来越大，种子团队也基本培养成熟，就可以真正"筑巢引凤"，吸纳更多优秀人才进来。

2. 发展才是硬道理

团队虽然多来自同学、同事和同乡，看起来比较稳定，但稳定不意味着停滞。这种稳定反而更有利于自我改造、自我进步，促进个人和公司的发展。所以，要从创始人的自我改造开始，带动一支相对稳定的团队去改造。创始人要冲在最前面，要通过打胜仗来改造团队，慢慢地把团队改造成“建立共同信仰，形成统一思想，树立先进典范”的种子团队，才有利于接下来人才的招募和组织的壮大。

三、渠道资源

其实，就是如何发展种子客户的问题。在前期就大张旗鼓地去招商，会浪费很大的资源，甚至把公司拖入破产的深渊，还会打击整个团队的信心。

关于这一点，我有过非常惨痛和深刻的教训。我刚创业的时候，花了差不多半年的时间，完善了产品，然后招募了很多熟人加入，准备在招商上大干一场。我给大家开的薪水很高，每个月差旅费也不低，大家看起来都很努力，但三个月过去，一个代理商都没招到，公司亏损了 100 多万元。产品有特点，资源也不错，怎么连一个客户都招不到？最核心的原因，就是大家对新品牌的信任度问题，并且还处于一个存量竞争的时代。

很多人都说，世界上最难的事情，就是把自己脑袋里的思想装进别人的脑袋，把别人口袋里的钱装进自己的口袋。这种认识，其实说的就是招商。第一，你的品牌没有影响力；第二，你的公司没有多少实力；第三，你的产品没有看到哪里卖得好……有了这三点，人家凭什么信你？因此，创业初期筹集渠道资源最有效的方式，就是先做好自己。

在巨大的压力之下，有一天我突然冒出一个念头：为什么要求客户去代理我们的产品？为什么不能让客户主动找我们？如果对自己的产品有足够的信念和信心，还担心什么？于是，我们立刻做了一个决定：撤掉招商部，依靠内容营销、我们的故事、我们的口碑去吸引客户，重点在内容营销上发力。结果在以后的两年里，基本上每周我都能接待两个来自全国各地的客户。有些人甚至还是从新疆、青海、海南等偏远地区坐飞机赶到北京公司总部（见图 3-4）。

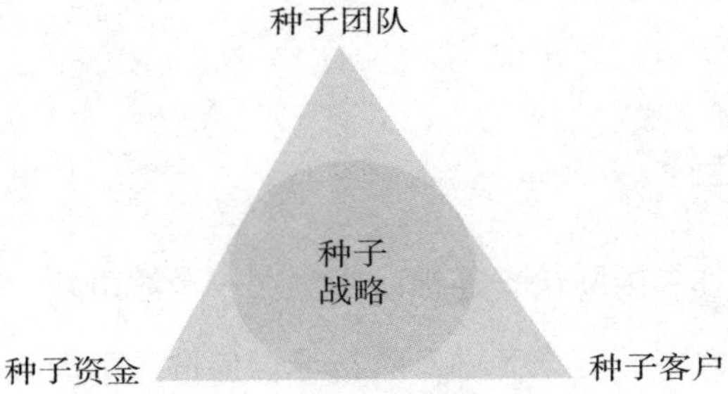

图 3-4 "种子战略"

可见，在创业筹资源这个关键命题上，一定要实行"种子战略"，就是创业的种子资金、种子团队和种子客户。什么叫种子？就是具有成长的生命力，而不是消耗性的资源。筹集的所有资源具有生发的能力，才能不断复制和推广，才能"一生二、二生三、三生万物"。创业初期，不要关注成功，而是成长。一旦你的资源具备了"种子"属性，就能生生不息、蒸蒸日上！

造样板

有了第一批种子客户，就可以开始打造样板市场，就是儒家强调的"近悦远来"，把现有的客户服务好，让更多的客户闻讯赶来，就是打造样板市场的效应。

所谓造样板，就是打造根据地市场。这几乎是所有创业公司的分水岭，是“战略决胜点”！只要能成功突破这个“战略决胜点”，基本上就可以像《孙子兵法》所说的“立于不败之地”。

那到底该如何打造样板市场？要重点从市场选择、执行关键和市场复盘三方面进行。

一、市场选择

众所周知，如果国际快餐连锁品牌想在一个城市开一家店，开店位置的最终确定需要参考数百个关键参数指标。但按照中国人做事的风格，喜欢“抓大放小”，抓主要矛盾和矛盾的主要方面。由此，决定一个市场是否选择为样板市场来进行打造，主要取决于三大核心要素：市场、客户和团队。

1. 市场

这里的市场，指的就是市场容量、消费者习性和市场竞争度。一般来说，选择样板市场，一定要选择有一定市场容量、消费者消费习性容易改变、同价位区间没有形成寡头垄断的市场。说白了，就是“经济有条件、群众基础好，敌人不强大”。由这句话去思考，红军当年长征为什么没有选择遵义作为根据地就会比较直观了。

2. 客户

现在的市场竞争已经不是过去简单的买方市场和卖方市场了，只有厂商精诚合作，才可能实现突破。所以，我们经常讲，厂商同心，其利断金；

厂商共建，威力无边。

这里要特别强调的是，我们对样板市场客户的要求，必须远远高于对一般客户的要求，必须站在合伙人的高度来选择样板市场的客户。这不仅是经营理念的问题，更是前文提及的“共同信仰”与“统一思想”。

样板市场客户，需要同创始团队在“使命、愿景、价值观”以及“路线、方针、政策”上保持高度一致。因为只有这样，公司才能在产品、营销、团队和理念上，对客户进行持续的赋能，才能形成“战略上降维打击，战术上饱和攻击”的竞争优势。

3. 团队

要有效组建一支从操盘手开始都非常熟悉当地市场情况的能打胜仗、打硬仗的团队，操盘手尤其关键。操盘手必须是合伙人或潜在合伙人的人选。操盘团队也需要与创始团队在“使命、愿景、价值观”以及“路线、方针、政策”上保持高度一致，形成使命一致、目标一致、思想一致、行动一致、齐勇同奋的良好作风。

总之，样板市场的选择，必须上升到战略高度。不打无把握之仗，不打无准备之仗。一定要先胜而后求战，而不是先战而后求胜。对样板市场的打造，必须志在必得，不能心存任何侥幸。选错了样板市场，之后不管做什么，都是错的，创业经不起这样的折腾。

二、执行关键

打造样板市场的三大执行关键，分别是时间点的选择、突发点的选择、临界点的选择。

1. 时间点的选择

通常，只要做好准备，市场就可以正式启动了。但是，任何产品都有其消费特点，这就决定了其切入市场的最佳时机问题。一般来说，白酒适合在春季启动，因为从春季开始，市场就会进入淡季，正是潜伏起来做市场的时候。半年后将基本功打牢了，进入秋冬旺季之后，就能更有效地上量。这也符合做市场“先苦后甜”“淡季做市场、旺季做销量”的基本规律。但是，时间点的选择也不一定都是绝对的，启动的时间点不同，整个目标和策略也就不同，绝不能一成不变。

2. 突发点的选择

这种突发意外情况，主要涉及核心骨干的离职、经销商财务状况的预警等。当然，也包括不可抗力的自然条件、社会大事件的影响。为了应对这些突发情况，就要制订好 AB 计划，甚至 ABCD 计划。样板市场的打造是毕其功于一役，必须获得突破。这决定着创业的生死，一定要未雨绸缪，防患于未然。

3. 临界点的选择

这里所讲的临界点，就是市场从量变引发质变的那个关键节点，也是市场从生存转向发展的关键节点。对临界点，要求团队的每个成员都要非常清楚，达到目标和思想的高度统一。

这个临界点，往往不是由一个指标决定的，而是多个关键指标汇聚在一起呈现的状态。一般来说，都是由销售额、铺市率、动销率、返单率等组成。同时，临界点也有多个层面的含义，比如，餐饮渠道的临界点、流通渠道的临界点、整个市场的临界点。

临界点就是决胜点，在打造样板市场的时候，我们专门写了一句口诀：**“紧抓战略决胜点，日日夜夜不要断，促成量变到质变，必赚花不完的钱！”**这句话听起来很通俗，却符合唯物辩证法的思想：第一就是要抓主要矛盾，把资源聚焦到战略决胜点；第二就是要遵循量变到质变的基本定律。

只要突破了临界点，样板市场的打造就实现了阶段性胜利，接下来就是乘势而起。但是，也要符合市场的客观规律，不能操之过急，不能太看重短期利益，必须走可持续发展之路。

三、市场复盘

关于市场复盘的重要性，可以参考一下毛主席说过的一句话：“我们是靠总结经验吃饭的！”这里要特别强调，市场复盘贯穿于打造样板市场的整个过程，不只是最终结果的复盘。

首先，为什么要做好复盘？其实就是 8 个字：实事求是，总结规律。万事万物都有其运行的规律，一个品牌能够在一个区域实现突破，一定有其客观和主观规律，特别是客观规律。做市场，更要讲究顺势而为，其实也是顺市而为、顺事而为。不仅要摸清市场的基本规律，还要具体情况具体分析。

那到底如何才能进行有效的市场复盘呢？一共有三句话：教训第一，经验第二；机会第一，问题第二；客观第一，主观第二。

1. 教训第一，经验第二

打个比方，在出发的途中，首先得知道哪些地方是坑。教训就是坑，具体怎么走就是经验。及时总结教训，是“不贰过”的前提。在创业打造样板市场的过程中，一定会踩坑，但不要两次掉进同一个坑里。不要总是研究别人是怎么成功的，要多去看看别人是怎么失败的。成功的经验无法复制，但失败的教训却可以有效避开。

2. 机会第一，问题第二

管理学大师德鲁克有一句经典名言：“成功来自对机会的把握，而非对问题的解决。”问题永远都解决不完，不要总盯着问题，需要在发展过程中去消化解决，而机会却能有效促进发展。因此，做市场复盘，一定要明确一点：在整个过程中，你已经有效识别并把握了哪些机会，这些机会在哪类市场可以得到有效复制。

3. 客观第一，主观第二

主观能动性往往体现在团队的工作效率上。团队是最难复制的，要先着眼于一些基本的客观规律。比如，什么样的价格区间容易起量、什么样的推广方式容易迎合人性促进销售等。当然，从团队管理的角度来说，也存在客观和主观的层面。比如，什么样的薪资结构、激励手段更有效等。

一般来说，管理能力更客观，而领导能力更主观，所以在做复盘时，从市场层面、推广层面、产品层面，到团队管理层面，越是教训越是机会，越是客观越要重视。当然，还要认真分析经验、问题、主观能动性等内容。只有用这样的原则去做好市场复盘，才更有利于打胜仗。

强复制

创业者都应该听说过一个著名的“竹子定律”。是说生长在中国东部的一种毛竹，4 年的时间仅长了 3 厘米，但从第 5 年开始，每天以 30 厘米的速度疯狂生长，只用6周的时间，就可以长到15米。其实，前面的4年，竹子已将根在土壤中延伸了数百米。

强复制，意味着加速度成长。那么，如何才能有效推进强复制呢？要点有三个：模具开发、壮大组织、强效推广。

一、模具开发

模具开发是一套非常系统、非常精密的切合企业自身发展的体系。简单来说，就是人、财、物三大核心体系。具体来说，可以分为“八大核心模块”，分别为文化、制度、流程、训练、目标、打法、预算和考核。

八大核心模块体现了企业经营活动的方方面面，清晰了这八大核心模块，就可以复制到其他任何一个区域和市场。在任何一个营销区域，甚至包括生产和后勤管理部门，都同样适用。

文化，必须始终放在第一位。

制度，是思想落地的保障，没有形成清晰的制度，就无法可依，管理就会乱成一团。

流程，是高效协作的保障。

训练，是执行力提升的关键。任何一个创业公司，都必须把自己打造成一个促进自身发展的“黄埔军校”。

目标，是科学制订发展目标的标准，也是企业发展目标分解的关键。

打法，是形成不同市场环境下的战略战术，是已经被样板市场验证过的行之有效的打法。

预算，是根据目标和打法制订基本的财务保障。

考核，是对结果的具体运用，是实施有效激励的关键。

这“八大核心模块”，在前文的不同章节都有阐述，这里就不再重复展开。**需要特别强调的是，这“八大核心模块”清晰地回答了《孙子兵法》对场战役胜负的基本判决：主孰有道？将孰有能？天地孰得？法令孰行？兵众孰强？士卒孰练？赏罚孰明？之所以要在书中反复引用，就是要告诉大家一个非常残酷的事实，即创业的本质与战争一样，必须学习和运用顶级的战争智慧。**

最后要说明的是，这“八大核心模块”形成清晰而系统的模具后，并非一成不变，需要根据市场和形势的变化，在特定的阶段对模具进行有效升级，不能一味地机械套用。

二、壮大组织

如何壮大组织？很多人第一时间想到的就是招兵买马，高薪聘请。其实，这可能是最危险的误区。举个例子，北伐战争的时候，出身黄埔军校的部队作战非常勇猛，为什么只有 10 万人的北伐部队能够打败 70 万人的北洋军阀，而在 20 年后这支以北伐部队为基础壮大的百万国民党军队却兵败如山倒呢？

管理学大师德鲁克提出过三个经典的问题：我们的事业是什么？我们

的事业将是什么？我们的事业到底是什么？

没有愿景，没有是非，有利而来，利尽则散。从来没有哪一支军阀或者土匪能够成事，即使是在乱世之中。尘埃落定的时候，人们会发现，最后胜出的一定是有着清晰价值观的那支力量。所以，这里要特别强调：壮大组织绝不能以稀释企业文化浓度为前提！

那到底如何有效地壮大组织？建议使用以下三个方法。

1. 大胆提拔一线基层干部

有句话说得好：“宰相必起于州郡，猛将必发于卒伍。”很多人其实缺的只是一个机会，要将样板市场打造成人才的摇篮。同时，在人才的选拔上，不要刻意区分厂商之间的关系，可以提拔客户和客户的骨干力量，让他们加入全国市场的建设中来。

2. 进行有效的社会招聘

招聘，同样要把文化价值观的契合度放在第一位。与公司文化不契合的人，即使能力再强，也不要邀请进来，要将招聘当作公司各级核心管理层最重要的一项日常工作。同时，要重视公司内部人员的推荐，从内部人员的同学、同事和同乡中去筛选契合公司文化有能力的人，促进组织的稳定和发展。

3. 打造“管培生制度”

我就是从企业管培生成长起来的，当时我在企业的工作效率要远高于一般空降的高管，主要还是水土适应与否的区别。“管培生制度”是一项长期的战略体系，需要投入大量的资源和心力，是一般创业公司不想做或做不了的。但是**任何一件事情，特别是有关战略的大事，正确且难，方成屏障**。这也是创业公司人才战略的核心竞争力。

三、强效推广

《孙子兵法》中有句话：“其疾如风，其徐如林，侵掠如火，不动如山。”生动地描绘出部队在作战过程中呈现的状态，也给我们在强效推广的过程中提供了有效的原则性参考。我在此基础上提炼出执行的三字原则：稳、准、狠。

1. 稳

就是把基本工作做扎实。做市场，首先就要让自己存活下来，先立于不败之地。这一点，我们可以向曾国藩学习。曾国藩打仗最稳，他要求湘军每天只前进 30 公里，不准多走，然后停下来，挖壕沟、筑城墙。每天筑两道城墙，外面那道高两米多、宽两米多，里面那道尺寸减半。每天仅修墙就花费 4 小时，士兵们都累坏了，晚上还要派人轮流站岗。太平军擅长突袭打游击，看到曾国藩的城墙，也无计可施。

攻城时曾国藩也是如此，从来不强攻。他会让人挖两道壕沟，一道防止里面的人逃跑，一道防止外面的人打入过来。这样耗几个月，把城里人逼出来，跑到壕沟前跟他打，反攻为守。最后，太平军就让曾国藩一点一点箍死了。曾国藩带兵，没有奇谋诡计，就是靠着一步一个脚印，挽狂澜于既倒，立下不世之功。

2. 准

就是找准市场的突破口，如同“打蛇要打七寸”。胡林翼说过一句话：

“肢体虽大，针灸不过数处；疆土虽广，力争不过数处。”同样，做市场最忌讳的就是瞎打、乱打，需要巧妙地打，聚焦突破口就是制胜之道。

举个例子，同样是10万元的预算，如果拿去投电视广告或户外大牌，效果可能微乎其微，但用来策划一个本地网红的营销事件，效果就会大很多，费用也能节省很多。

3. 狠

找准了点，就是要发力，要敢于“all in”！实施饱和性攻击，建立压倒性优势。世界上以弱胜强的战例不少，以少胜多的战例却没有。

著名的孟良崮战役，国民党进攻部队是45万人，华东野战军的部队是27万人，双方军力对比差不多是2∶1。粟裕在孟良崮集中了5个纵队，大约15万人，集中力量攻击张灵甫的一个整编师，差不多3万人，形势一下扭转，建立了5∶1的绝对优势。

大侠说3：成大事

1. 市场竞争是一场资源消耗战，集中有效资源形成有效突破，是考验厂商资源协同的关键。

2. 成大事“新天龙八部”，分别为明大势、树目标、定策略、做计划、带队伍、筹资源、造样板、强复制。

3、一个契合创业公司第一年的发展规划应该明确以下五方面的内容：1. 重点突破的核心产品；2. 重点突破的核心市场；3. 重点配备的核心团队；4. 务必达成的销售目标与利润目标；5. 达成目标所需的核心资源配备。

4. 推广策略总结为“九字真言”，就是基本面、突破口、引爆点。具体的实施步骤应该为：强化基本面、聚焦突破口、点燃引爆点。

5. 高屋建瓴是指，必须站在全局的角度去分析问题和解决问题。如果一个层面的问题在这个层面无解，就跳到更高的层面去解决。一针见血地直达问题的本质，是一种本能，这也是组织最核心的竞争力之一。

6. 创业的三种模式：梁山泊模式、上海滩模式、井冈山模式。

7. 具体到如何带队伍，总结起来就三大要点、24 个字：建立共同信仰、形成统一思想、树立先进典范。

8. 带队伍必须“三管齐下”：抓文化建设、抓战略战术、抓考核管理。

9. 文化的持续赋能、思想的持续赋能，是最好的过程！所以，企业创始人一定要将文化的考核、思想的考核，一起放进 KPI 的考核。

10. 在创业筹资源这个关键命题上，一定要实行“种子战略”，就是创业的种子资金、种子团队和种子客户。

11. 教训第一，经验第二；机会第一，问题第二；客观第一，主观第二。

12. 如何才能有效推进强复制呢？要点有三个：模具开发、壮大组织、强效推广。

13. 任何一件事情，特别是有关战略的大事，正确且难，方成屏障。

CHAPTER 4——第四章

做大侠

如何判定自己处于像大侠一样创业的状态呢？成为大侠必须具备什么样的格局和视野？特别是新时代侠文化的内涵应该如何体现、如何升华？这些我们将在这一章的内容中一一展开。

侠之大者，原力觉醒

原力觉醒，本质上就是知行合一的一种开悟状态，就是在创业反复实践的过程中，在经历各种磨难有所失、有所得之后，得到的一种良知光明、内心澄澈、无忧无惧的从容状态。这种状态，近似《庖丁解牛》故事中，庖丁最后对文惠君说的那段话：“提刀而立，为之四顾，为之踌躇满志，善刀而藏之。”那到底如何清晰地界定这种状态呢？我把“原力觉醒”又分解为三种不同角度的状态，分别是找到原点、掌握原理、形成原则。

一、找到原点

找到原点，其实就是找到一种归依的状态。原点可以是有关于生命的原点，比如，一个人工作的原点、生活的原点、学习的原点。但这些让人认为捉摸不定、游移难寻的点，最终都会汇聚到一起，汇聚到生命的原点。这个清晰而坚定的原点，就是个人最终确定的人生志向。

立大志，找到生命的原点，就能找到生命的意义和生命的价值。生命的意义和价值到底是什么？这是一个争论不休的哲学问题，每个人都有自己的看法，但有一点可以肯定的是，生命的意义在于“做更好的自己”。那么，如何才能做更好的自己？或者说，如何才能磨砺出更好的自己？

中国人经常引用的一句话是“宝剑锋从磨砺出，梅花香自苦寒来”。这样的“磨砺”、这样的“苦寒”，有比创业赋予得更多吗？所以，当你像一个大侠一样去创业的时候，就能幸运地找到生命的原点。

网上有一句充满哲理的话：“改变自己是自救，影响他人是救人。”找到了原点，就能知道怎么去改变自己，怎么去影响别人。人生的意义和价值，恰恰就是这份难能可贵的改变和影响。“回望人类历史长河，多少风云人物都对人类社会产生了积极而巨大的改变和影响。”他们通过这种改变和影响，大大提高了自己生命的长度，活成了永垂不朽的传奇。

当然，找到原点，并不仅限于生命的原点，还包括万事万物的原点。找到原点，就能通过现象看到本质，大幅提升自己的效率。以创业做好一瓶蜂蜜为例。要迅速找到消费者的原点，就是品质和实惠。然后，以相对实惠的价格，销售真正的好蜂蜜，就能有效满足消费者的需求，能少走很多弯路。

但是，网上充斥着各种廉价的假冒蜂蜜，很多人看不到这个原点。从自己的私欲出发，昧着良心赚黑钱，结果不仅赚不了多少钱，反而浪费了大量时间。长期在这种阴暗的环境下徘徊，就是对生命的挥霍与辜负。

找不到原点的人，不懂得为什么而出发、为什么而行动，就只能经受彷徨、焦虑、恐惧等诸人性的折磨。找到原点，就能基本上达到孔子所说的“从心所欲而不逾矩”的状态，而这一切正来自“像大侠一样创业”带来的磨砺。

二、掌握原理

掌握原理，就是洞悉事物发展的基本规律。我们经常讲，凡事必须实事求是，那么这个“是”到底指的是什么？其实就是基本规律，实事求是就是凡事都尊重客观规律，比如切忌拔苗助长，因为这不符合稻苗生长的客观规律。在实际创业的过程中，违背客观规律，不从事物本质原理出发的例子，实在太多。

举个例子。很多时候我们都会发现，一个品牌经过努力终结于一个市场，流行的周期也就只有一两年，很多人将原因归结于消费者的喜新厌旧。其实，多数都是价格崩盘导致的。价格为什么会崩盘？因为利益相关方贪心太重，市场只能消化这么多货，而基于销售增长的考虑，却一直往下压货。原理如同一个人吃饭一样，吃饱了再吃，不得吐出来。原理很简单，做起来为什么那么难呢？因为原理输给了人性。过分地满足人性，而忽略了客观规律，往往会带来灾难性后果。

掌握原理，实事求是，像大侠一样去创业，就能透过现象的迷雾，揭

开人性的面纱，就能让万事万物的运行规律近在眼前、映在心头，也就达到了王阳明的“知行合一”的境界。

关于敬畏和顺应规律，中国的道家思想最具代表性，其创始人老子在《道德经》中有一段话最为精彩：“致虚极，守静笃。万物并作，吾以观复。夫物芸芸，各复归其根。归根曰静，静曰复命。复命曰常，知常曰明。不知常，妄作凶。知常容，容乃公，公乃全，全乃天，天乃道，道乃久，没身不殆。”荀子在《天论》中说道：“天行有常，不为尧存，不为桀亡。”

这些中国传统智慧都充满了朴素的唯物主义哲学观，告诉我们要顺应规律，掌握原理。那到底如何才能掌握原理呢？一切依靠实践，一切来自实践。但是实践不是瞎搞，创业更不能瞎创业；要像大侠一样创业，立大志，吃大苦，提升磨砺心性、提升认知、精进技能。

辛弃疾在一首词中写道：“西北望长安，可怜无数山。青山遮不住，毕竟东流去。”人生在世，不过百年，我们需要坚守更多的意义和规律，不断地去发现、去丰富这一旅程。

三、形成原则

形成原则，就是找到原点，掌握原理，形成系统的价值观和方法论。做人有原则，就是价值观；做事有原则，就是方法论。

坚守原则，并不等于墨守成规。要辩证地看待原则、把握原则。比如，涉及价值观的原则，就必须坚守。我们公司有三条核心价值观：艰苦奋斗、结果第一、效率为王。三条原则坚如磐石，每个人的工作态度、工作产出和考核，都围绕这三大核心原则来进行。但是，涉及具体的方法原

则，就要具体问题具体分析了，不能生搬硬套，要灵活运用。

以聚焦为例，聚焦本身就是一个相对概念，那么，到底聚焦到何种程度才算真正的聚焦？创业初期有一个误区，就是打造核心产品。但是打造核心产品也要符合一个原则，那就是生存第一，所以不要把核心产品当作唯一产品，这就是小原则必须符合大原则。

古今中外所有成大事的人，都有一个共同特征，就是特别讲原则。**原则始于原理，原理生于原点，而原点正来自一个人的志向，所以曾国藩说："志之所向，金石为开。"**

其实，曾国藩就是一个特别讲原则的人，他还将做人做事的原则总结为"箴言"，简洁通俗，耐人寻味，具有很强的指导性和实践性，比如：

人生三畏："畏天命、畏人言、畏君父"；天道三忌："忌巧、忌盈、忌贰"，都是人生的经验之谈。

治事五到："身到、心到、脚到、手到、口到"，对于做事的人来说很实用。

课心课身六法："敬、恕、诚、静、勤、润。"每个字都意味深长。

处事八德："勤、俭、刚、明、忠、恕、谦、浑。"无一不包含着深刻的管理智慧。

他自撰的对联，如"好人半自苦中来，莫图便益；世事多因忙里错，且更从容""战战兢兢，即生时不忘地狱；坦坦荡荡，虽逆境亦畅天怀""打仗不慌不忙，先求稳当，次求变化；办事无声无息，既要老到，又要精明"等，对今天的创业者，依然具有强大的启发智慧。

总之，一个人开始创业，是从"立大志"开始的，然后"吃大苦"，

不断磨砺，不断提升，不断精进。取得一定突破后，就能达成心中的“成大事”的状态。然后，再审视自己的内心……原点如此清晰，原理如此清晰，原则也如此清晰，他已然成为一个原力觉醒的大侠，睥睨自我、胜己者，王！

侠之大者，为国为民

“侠之大者，为国为民”出自《射雕英雄传》第二十回，郭靖对杨过说：

> 过儿，眼前强虏压境，大宋天下当真是危如累卵……我辈练功学武，所为何事？行侠仗义、济人困厄固然乃是本分，但这只是侠之小者。江湖上所以尊称我一声“郭大侠”，实因敬我为国为民、奋不顾身地助守襄阳。然我财力有限，不能为民解困，实在愧当“大侠”两字。你聪明智慧过我十倍，将来成就定然远胜于我，这是不消说的，只盼你心头牢牢记着“为国为民，侠之大者”这八个字，日后名扬天下，成为受万民敬仰的真正大侠。

所以，在《射雕英雄传》中，武功最高的五个人是南帝、北丐、东邪、西毒和中神通。五人无一人冠以“侠”字，真正称之为大侠的却是舍死为天下苍生守卫襄阳的郭靖，以及后来谨记郭靖教诲同样死守襄阳的神雕大侠杨过。

在今天这个时代，创业者如何才能成为“为国为民”的大侠呢？

一、侠之大者，当以家国情怀为重

现在多数创业者，出发点就是赚钱。论及个人的志向，还是赚钱，很少有人意识到，以此为目标，会将整个格局禁闭掉。作为一个现代企业，必须深读并践行“企业社会责任”。

对于“企业社会责任”，百度百科是这样定义的：企业社会责任，是指企业在创造利润、对股东和员工承担法律责任的同时，还要承担对消费者、社区和环境的责任。企业必须超越把利润作为唯一目标的传统理念，在生产过程中关注人的价值，强调对环境、对消费者、对社会的贡献。

创业时，创业者要知道一句话：责任即战略。有了企业责任，才能明确清晰的战略发展方向，才能拥有宏大的战略格局和战略视野。

王阳明讲“持志如心痛”。志向就是痛点，立志的时候，要充分考虑到行业的痛点、社会的痛点，除了为社会解决就业、带来税收外，还能在哪些方面促进社会的发展？是技术的进步、效率的提升，还是文化的影响、正能量的传递？把这些问题想清楚，战略才会清晰。

还有一点，企业的发展必须深刻印上国家民族的烙印。虽说“科学没有国界，但是科学家是有祖国的”，但是“企业是有国界的，企业家更是有祖国的”！有些著名的企业家，创业成功后，改变了国籍，不管出于什么样的想法，肯定与“侠之大者”相去甚远。

所以，像大侠一样创业，能称得上大侠，必立大志，大志必以家国情怀为重。

二、侠之大者，推动中华民族伟大复兴

侠文化，是华夏文明的核心文化符号之一。

侠文化起源于春秋时期，华夏文明作为世界唯一的无间断文明，在新世纪孕育出新的勃勃生机。从一百多年前饱受列强凌辱的灾难深重中走出，回望五千年灿烂文明，在历史的长河中，侠文化一直昂扬激荡。

侠文化深受儒家思想的影响，将“仁义”作为道德标准，心系天下苍生，充满了浪漫的理想主义。无论是《孟子》的“虽千万人，吾往矣”，屈原行吟江畔的“亦余心之所善兮，虽九死其犹未悔”，荆轲刺秦的“风萧萧兮易水寒，壮士一去兮不复还”，还是少年王阳明孤身出居庸关、策马边塞的游侠之风，抑或一代大儒王船山的“有豪杰而不圣贤者矣，未有圣贤而不豪杰者也”的著名论断，再到鲁迅的“怒向刀丛觅小诗”“我以我血荐轩辕”的铮铮铁骨……中国历朝历代，无论忠臣良将、文人士子、达官贵人、市井平民等，内心都激荡着一股浩然之气。这股气，就是侠气，是挺身而出、舍我其谁的大义凛然。

如今，中华民族正处于伟大复兴的关键阶段，更要弘扬这种浩然之气，弘扬侠义精神。每个人都要在工作中推动民族复兴，尽好自己的责任和担当，为营造社会的美好倾心倾力。

涓滴汇成江海，壤土聚成山岳。创业者更要像大侠一样，引领这种担当，秉承创业的初心和使命，知行合一，为社会创造更美好的生活。何谓美好？愈真、愈善、愈美。

◎案例

为国为民的侠之大者任正非

提到创业者的典范，国为民的侠之大者，今天就一个人，像武林江湖中泰山北斗一样的存在，他就是任正非。

1987年任正非筹集21000元创立华为，已经44岁，年过不惑。那时他刚因一场意外的经济往来，被一家贸易公司骗走了200万元，不仅丢掉了“铁饭碗”，婚姻也走向破裂。没人知道，其实早在1977年，任正非就研制发明了我国第一台空气压力天平；1978年，作为军队“技术尖兵”，任正非参加了全国科学大会；1982年，成为中国共产党第十二次全国代表大会代表。

我多遍拜读过任正非有名的三篇文章《我的父亲母亲》《华为的冬天》《一江春水向东流》。还读过不少关于华为管理营销类的书，加之我有几个高中同学都在华为工作，于是系统地进行了一番研究。在我看来，华为的成长史其实就是一本现代版的《苦难辉煌》，凭借艰苦奋斗的精神和产业报国的情怀，最终站在世界通信科技之巅。

就其创业经历来说，任大侠把磨难当成了财富，愈挫愈勇，愈老愈奋，即使美国强压制裁，女儿被无端扣押海外，依然不改赤子之心，鼓舞着团队从一个胜利走向另一个胜利。

新加坡国立大学东亚研究所所长郑永年曾说：

“商人和企业家既有关联，更有本质性的不同。简单地说，商人以赚钱为己任，一切以钱的多少来衡量企业的成功和自己的成就，而企业家则以改造世界为己任，商业则是他所使用的手段与工具。”

从这个角度，更能看到真正的创业者和企业家，是如何超越普通生意人的。

华为的愿景与使命是，把数字世界带入每个人、每个家庭、每个组织，构建万物互联的智能世界。华为，中华之作为。对于一个组织，文化驱动具有难以想象的能量，如同任正非所说的：

“世界上一切资源都可能枯竭，只有一种资源可以生生不息，那就是文化。”

侠文化“新六脉神剑”

侠文化很容易片面地理解为武侠文化、江湖文化。对此武侠小说一代宗师梁羽生先生就曾说道：“宁可无武，不可无侠。”可见，武只是手段，侠义精神方是目的。武侠小说寄托了国人对公平正义和扶危救贫的向往和追求，也因此形成了墨子的“侠”和孟子的“义”双峰并立的主题，构筑了武侠小说的精神世界。

显然，在如今的和平年代和法制社会，是不需要武侠文化和江湖文化的，但是侠文化作为中国精神的内核之一一直存在，且每个时代都有不同的演绎。

那么，在今天，创业者到底该如何解读侠文化呢？我总结了六个关键词：热血、奋斗、情义、本色、洒脱、担当。也就是侠文化的“新六脉神剑”，要想成为知行合一的大侠，这六方面的素质缺一不可。

一、热血

热血，就是为心中的正义而献身的热情。中华民族自古就是一个热血民族，无论是在战场上“抛头颅、洒鲜血”的革命先辈，还是在赛场上为国争光的体育健儿，一幕幕都让国人热血澎湃，豪情满怀。

在中国的诗词创作中，这样的热血词句不胜枚举，比如李白的“愿将腰下剑，直为斩楼兰”；王瀚的“醉卧沙场君莫笑，古来征战几人回”；杨炯的“宁为百夫长，胜作一书生”；岳飞的“怒发冲冠，凭栏处、潇潇雨歇。抬望眼，仰天长啸，壮怀激烈”等。不热血的人，靠什么去开启“激情燃烧的岁月”？真正的创业者都是一群眼神里能喷出火焰的人。

热血绝不局限于为个人，更是为大家，为心中的理想和良知。如今，多数人都是凭着一腔热血踏上创业之路的。他们坚信，所有的伟大都源于一个勇敢的开始。之后在布满靳棘的路上，他们也能凭着热血，发出微弱的光，指引团队继续前行。

热血，为创业者注入源源不断的能量。

二、奋斗

奋斗，就是为实现目标而努力斗争。侠之本质，在于知行合一，而要达到知行合一的境界，就要经过一番磨砺。这个磨砺的过程就是为心中的志向不断奋斗的过程。

个人奋斗的轨迹，其实就是一条马斯洛需求曲线，从低到高分别是生理、安全、社交、尊重和自我价值的实现。而现实中多数人的奋斗轨迹仅停留在安全这个低层面。过去，很多人为了过上温饱的日子不惜背井离乡去打工。如今我们已经奔小康了，却出现了一些“躺平”的人，反正饿不死，反正有地方住，失去了奋斗的动力。这一点，全然不可取。

纵观世界文明演进的过程，在当今全球经济勃兴之地，有两种文明最具代表性：一个是新教文化；一个是儒教文化。韦伯在《新教伦理与资本主义精神》中提出了新教教派的核心教义：上帝应许的唯一生存方式，不是让人们以苦修的禁欲主义超越世俗道德，而是要完成个人在现世里所处地位赋予的责任和义务，这是他的天职。

这种“天职观”极大地推动了资本主义社会的发展，让人们找到了奋斗的价值和意义，正如爱因斯坦说的那样：“对真理和知识的追求并为之奋斗，是人的最高品质之一。”儒家的《大学》“八条目”明确地指出了个人一生奋斗的整个过程：格物、致知、诚意、正心、修身、齐家、治国和平天下。

如今，“幸福是奋斗出来的”，奏响了时代的最强音。“宝剑锋从磨砺出，梅花香自苦寒来。”作为心怀家国梦的侠之大者，更要将“奋斗”视为最宝贵的品质之一，进行传承和弘扬，因为唯其如此，人生才有价值、有意义、有方向。

三、情义

情义，就是指人情与义理。孟子说，人天生具有恻隐之心、羞恶之心、辞让之心和是非之心，其实就是指“仁义礼智”。重情重义，是人天生具备的素养，但是现实中我们为什么总能看到不少“见利忘义”之举呢？用王阳明的话来说，就是人心本来是光明的、是赤日当空的，但是私欲堆积越来越多，就像乌云一样。一旦乌云笼罩了太阳，良知就被蒙蔽了，人就容易做出很多恶行。

个人之所以能够知行合一，就是因为他始终处在“格物致知”的状态，保证他良知的光明。只要良知光明，就可以“致吾心之良知于事事物物”。这也是我感受到侠之本质的哲学思想的源头。

王阳明确实从小就是有游侠之气，有经略四方之志。后来经过“龙场悟道”，剿灭赣南匪患，平定宁王叛乱，建不世之功，拖久病之躯仍以百姓安危为重……他就是为大义而生，堪称“侠之大者”。正如孟子所言：“生亦我所欲也，义亦我所欲也，二者不可得兼，舍生而取义者也！”

当然，“情义”二字值千金，但千万不要错把个人的欲望当成了情义。情义不是被利益裹挟的某种“美德”，古惑仔的“讲义气”是一种病态的情义，而这种情义建立在损害他人利益的基础上。为恶行去做承诺，“有诺必践”，绝不是讲情义，而是一种犯罪。

如今我们身处法治社会，法不容情，其实不容的是私情。所以，情义不是私情私义，而是大情大义，是为亲人、朋友、社会和国家激发出的最大的善意，是一种奋不为己所履行的承诺。

四、本色

本色，原本指物品没有经过染色的原来的颜色，即一个人的本来面目。古语讲“唯大英雄能本色”，用今天的话来说就是不虚伪、不装。

欺骗和虚伪，一直都是最讨厌的人性之一，但是多数人都很难做到不欺骗、不虚伪。人和人之间最大的成本，就是信任的成本。尼采有一句名言：“我感到难过，不是因为你欺骗了我，而是我再也没有办法相信你了。”

很多人误以为高情商，就是善于察言观色，八面玲珑；而不改本色的人，往往被认为情商低下。其实，恰恰相反。情商高的人，在与他人相处的过程中，能够迅速认清对方、让对方认清自己。情商越高，沟通成本越低。

最能有效降低沟通成本的方式当然是本色不改，当然这里也有一个误区，即认为本色不改就是由着自己的性格来。其实，性格未必就是本色，而是被社会浸染过的一种状态。本色是纯乎人性的天然，是良知光明的状态，是赤子之心，是浩然之气。所以要保持本色，就要心如明镜，要“时时勤拂拭，勿使惹尘埃”。所以，庄子说：“至人之用心若镜，不将不迎，应而不藏，故能胜物而不伤。”用心若镜，良知光明，即为本色不改。

五、洒脱

洒脱，就是潇洒自然，不受拘束。在影视剧中，出现过很多大侠。大多都比较洒脱，一剑一箫，纵情江湖。

洒脱，是一种心灵的旷达与自由，而绝不受一点儿名利的牵绊。功名利禄，一切都是身外之物，生不带来，死不带去。功名利禄，是实现人生价值的手段，绝不是目的。

王阳明说：“吾辈用功，只求日减，不求日增。减得一分人欲，便是复得一分天理，何等轻快洒脱，何等简易！”无论处于人生的哪个阶段，都可以伴随洒脱与自在，就是一切向内求，而不被自己的私欲所控制。

洒脱，即无为。无为，并不是无所作为，而是无心而为，是一切顺着规律，一切道法自然。万事万物都有其发展的必然规律，我们遵循这些规律，心存敬畏。

世界绝不会以个人的意志为转移，只要兢兢业业，发自真心，学习真理，就能练成真本事。掌握了真本事，只要不作恶，凡事总有办法，何事恐惧、何事惊慌，就能时刻展现自己的真性情。这就是“尽人事，听天命”的坦然和从容，所以洒脱是绝对装不出来的。

古语常说，“艺多不压身”“万般带不走，唯有业随身”。在自己的专业有一技之长，在自己的内心有无限敬畏，才是真心真本事、真人真性情。

六、担当

担当，就是使命和责任。个人的天命，就是他的天赋加上他的使命。这是我们前面讨论“立大志”时反复强调的一点。西方人讲“上帝应许之责”，中国人讲“天命”，只要立下一个坚如磐石的志向，就能为神圣使命奋斗一生。

马克思说：“作为确定的人，现实的人，你就有规定、就有使命、就有任务，至于你是否意识到这一点，那是无所谓的。”[①]

孔圣人则直截了当地提出四个字：“当仁不让！”后人又加了一句：“责无旁贷。”这就是一种舍我其谁的勇气和魄力。

一个人的担当主要体现在三个层面：对家庭的担当、对组织的担当、对社会的担当。

---

① 马克思：《德意志的意识形态》。

1. 对家庭的担当

这是对父母、妻儿以及亲人的一份责任，比较容易理解。但是，很多人总将这份担当看得太重，甚至看成了唯一；有些人甚至还将为子女积攒多少财富当成了奋斗的终极目标……如此，就将个人的欲望看成了担当。

2. 对组织的担当

有些人工作时，只把工作当成一种谋生赚钱的手段，从来没想过要为组织承担多大的责任，而是抱着一种候鸟迁徙的心态。个人对组织的担当既是有形的，也是无形的。有形的就是通过分工和协作创造多大的价值；无形的则是为组织文化的形成起到多大的引领和培育。

3. 对社会的担当

在为社会担当的层面，多数人都是政治家、思想家、科学家、文学家、艺术家和企业家等精英人群。社会，因责任而进步，而责任也是人类进步的催化剂。真正的创业者，会心怀一份家国担当。

侠之先者，为亲为邻；侠之大者，为国为民！

踏上江湖路，不负少年行

有一种创业的自由，叫“像大侠一样知行合一”。当我们开始创业的时候，如同开启了一段“少年江湖的梦幻之旅”。这个过程，我把它称为：

秉赤子之心，养浩然之气，逐少年之梦。

一、秉赤子之心

秉赤子之心，就是永葆像婴儿一样的纯洁无瑕的心。这颗心率直、纯真、善良，充满着对世界的好奇和无限想象。

赤子之心出自《孟子 · 离娄下》:“大人者，不失其赤子之心者也。”老子《道德经》也多次提到，如“含德之厚，比于赤子”“常德不离，复归于婴儿”。对于创业者来说，最强大的内心恰恰就是这颗赤子之心。发心纯正，此心光明，心灵无尽透亮，没有过度私欲的污染，赤（尺）子婴儿就能做到“泰山崩于前而色不变”。可是，有几个成年人能达到这样的境界?

创业者之所能无私无畏、排除万难，就在于内心的强大。像大侠一样创业，就要特别强调“立大志”。因为唯有如此，才能找到正确的发心，不为赚钱而创业，不为贪图享乐而创业。创业的目的是让世界变得更美好，更添一份真善美，可以帮助身边人改善生活，让他们的内心更加充盈，感受到人生的意义和价值。

所以，带着大志向去创业，就是让自已复归“赤子之心”的状态。这样的创业者，才能“内圣外王”，少走弯路。众生蝇营狗苟，欲壑难填，我自一马平川，纵情向前。

二、养浩然之气

养浩然之气，同样出自《孟子》“我善养吾浩然之气”。

浩然之气绝非匹夫的血气之勇，而是充塞天地之间的至大至刚之气，是充盈在大侠内心的一腔正气。就如同文天祥在《正气歌》中所写:“天地有正气，杂然赋流形。下则为河岳，上则为日星。於人曰浩然，沛乎塞苍冥。”

在《曾胡治兵语录》中，蔡锷对曾胡二公的浩然正气、忠义血性写了一段感言:“须其耿耿精忠之寸衷，献之骨岳血渊之间，毫不反顾，始能有济。果能拿定主见，百折不磨，则千灾百难，不难迎刃而解。”同样，创业也会遭遇千难万阻，如何进行突破？全凭一口真气不散，这真气就是俯仰无愧天地的浩然之气。只要能养浩然正气，就能驱散身上的邪气，因此曾国藩特别强调说:“凡人心之发,必一鼓作气,尽吾力所能为。稍有转念,则疑心生,私心亦生。余生死早已置之度外,但求临死之际,寸心无可悔憾,斯为大幸。舍命报国,侧身修行。古称‘金丹换骨’,余谓立志即丹也。”

对于创业者来说，立巍然之志，养浩然之气，就是正心正念，就是金丹换骨。创业者只要能始终不渝地奔赴自己的人生理想，把人生的意义与创业的使命紧密结合起来，就能气贯长虹，荡平现实与心中的块垒，享受知行合一的旷达自由，用庄子的话来说就是“用志不纷，乃凝于神”。

三、逐少年之梦

逐少年之梦，对于创业者来说，也许就是灵魂的洗礼、心灵的皈依。

小时候，你的梦想是什么？不可否认，在华人世界里，多数人的成长，都伴随着侠文化的熏陶。无论是长辈故事，还是武侠影视剧和小说，我们都能感受到心中的英雄是如此生动：他们身怀绝世武功，衣袂飘飘，纵马横刀，饮酒放歌，从容自由。当然，出场的主角多半都抱有国仇家恨，免不了勤学苦练，少不了儿女情长，还有高人指点，以及自己的义薄云天……

长大之后的我们，忙着学习考试，忙着找工作买房结婚，少年之梦恍若隔世，不免怀疑：在和平年代，还需要小时候那样的大侠吗？而当有一天我们因生活所迫或不满现状准备去创业时，或许早已丢掉这个曾经的少年之梦；多数人仅把创业当成谋生的手段，所谓的口号都是说给别人听的。

在这样的创业过程中，我们的眼光如此现实，我们的追求如此功利，我们的过程如此坎坷，我们的心境如此焦虑。多数人不得不放弃，不得不重新开始，不得不陷入一种无尽的循环。我们一而再、再而三地反思：这就是自己想要的生活吗？这就是自己向往的事业吗？

一定要相信这句话：真正的梦想，总是萌芽在少年！也许，我们不经意的一次回望，那久违的少年之梦又会重现眼前。为何不能像个大侠一样去创业呢？像大侠一样去立大志，志向就会像大侠一样大公无私，心怀家国；像大侠一样吃大苦，就能从心、脑、身练就超凡本领，技压群雄；像大侠一样成大事，就能在实践中总结优化强大自我，吸引志同道合的朋友一起加入进来，共赴人生理想。

少年梦仍在，创业做大侠，踏上江湖路，不负少年行！

大侠说 4：做大侠

1. 原力觉醒，本质上就是知行合一的一种开悟状态，就是在创业反复实践的过程中，在经历各种磨难有所失、有所得之后，得到的一种良知光明、内心澄澈、无忧无惧的从容状态。

2. 艰苦奋斗、结果第一、效率为王。

3. 原则始于原理，原理生于原点，而原点来自一个人的志向，所以曾国藩说："志之所向，金石为开。"

4. 能称得上大侠，必立大志，大志必以家国情怀为重。

5. 情商高的人，在与他人相处的过程中，能够迅速认清对方、让对方认清自己。情商越高，沟通成本越低。

6. 六个关键词：热血、奋斗、情义、本色、洒脱、担当。也就是侠文化的"新六脉神剑"，要想成为知行合一的大侠，这六方面的素质缺一不可。

7. 秉赤子之心，就是永葆像婴儿一样的纯洁无瑕的心。这颗心率直、纯真、善良，充满着对世界的好奇和无限想象。

8. 对于创业者来说，立巍然之志，养浩然之气，就是正心正念，就是金丹换骨。

9. 创业者只要能始终不渝地奔赴自己的人生理想，把人生的意义与创业的使命紧密结合起来，就能气贯长虹，荡平现实与心中的块垒，享受知行合一的旷达自由。